A Theology of John's Writings

요한의 신학

A Theology of John's Writings

By W. Hall Harris
translated by Keun Sang Ryu

Copyright © 1994 by The Moody Bible Institute of Chicago
Originally published in USA under the title
A Theology of John's Writings
by Moody Press, c/o MLM, Chicago, Illinois 60610, in U.S.A.
All rights reserved.

2011년 10월 15일 1판 1쇄 발행
지은이: 홀 해리스
옮긴이: 류근상
발행인: 류근상
발행처: 크리스챤출판사
주 소: 경기도 고양시 덕양구 능곡로 30-11 현대 107-1701호
전 화: 070-7717-7717
핸드폰: 011) 9782-9789, 011) 9960-9789
팩 스: 031) 978-9779
등 록: 2000년 3월 15일
등록번호: 제 79 호
판 권: ⓒ 크리스챤출판사 2011
정 가: 표지뒷면에 있음

I S B N: 978-89-89249-91-7

Korean Edition
Copyright © 2011 by *Christian Publishing House*,
Seoul, Korea

A Theology of John's Writings

요한의 신학

홀 해리스 지음
류 근 상 옮김

크리스챤출판사

[차례 Contents]

1. 요한복음 _ 8
2. 요한서신: 신학적 논쟁 _ 12
3. 요한계시록: 언어와 이미지 및 신학 _ 14
4. 기독론: 예수님은 누구신가? _ 17
5. 요한복음에 제시된 예수님의 영광 _ 48
6. 성령/ 보혜사 _ 51
7. 요한 신학의 대조법 _ 61
8. 요한의 구원론 _ 75
9. 요한의 종말론 _ 108

요한의 신학
A Theology of John's Writings

by W. Hall Harris

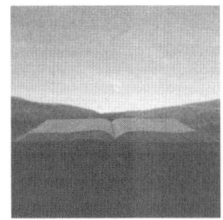

요한의 신학은 본질적으로 기독론이다.[1] 사도 요한이 기록한 모든 성경의 중심에는 예수 그리스도가 계신다. 육신을 입으신 말씀에 대해 강조하는 요한복음과 교회의 분열에 관한 논쟁 가운데 생명의 말씀을 강조하는 요한의 서신들 및 부활 승천하셔서 영광 가운데 계신 그리스도에 대한 환상(계 1:12-16)과 그의 궁극적 승리에 관해 묘사한 요한계시록 등을 통해 요한이 독자들에게 제시하려는 것은 예수님이 누구신가라는 것이다. 요한의 글에 나타난 신학을 전통적인 조직신학적 범주(인간론, 구원론, 성령론, 종말론)로 나누어 다룬다면 왜곡을 초래할 수밖에 없다. 그는 결코 이와 같이 조직적인 방식으로 성경을 기록하지 않았기 때문이다. 요한은 하나의 핵심적인 초점을 가지고 있었는데 그것은 바로 예수 그리스도이시다. 예수님에 관해 기록한 요한의 글, 특히 요한복음과 세 서신의 대부분은 수년간의 사색과 기독교적 경험에 의해 조율된 것이다. 그러나 언제나 그 중심에는 그리스도가 자리 잡았다.

그러나 이것은 요한이 인간론, 구원론, 성령론, 또는 종말론에 대해서는 전혀 언급하지 않았다는 말이 아니다. 다만 이러한 주제들에 대한 언급은 거의 언제나 기독론적 강조와 연관된다는 것이다. 이러한 주제들은 모두 그리스도에게 초점을 맞추기 때문에 요한신학을 개별적인 주제로 다루려는 시도는 다소 반복적이 될 수밖에 없다. 이제 요한신학의 가장 중요한 강조점과 함께 그것을 독자들에게 전달하기 위해 저자가 사용한 구조나 기법에 대해 다룰 것이다.

---

1) C. K. Barrett는 요한신학에 대한 자신의 간략한 논문을 통해 근본적으로 요한복음이 기독론적인 본질로 해석되어야 하는 이유에 대해 제시한다(*The Gospel According to St. John*, 2d ed. [Philadelphia: Westminster, 1978], 96-97).

첫째로 살펴볼 중요한 신학적 주제는 기독론이다. 우리는 예수님을 바라보는 요한의 관점에 대한 전반적인 조명과 함께 그가 사용한 예수님의 핵심적 호칭에 대해 구체적으로 살펴본 후, 예수님의 영광에 대한 네 번째 복음서의 관점에 대해서도 살펴볼 것이다. 여기에는 그의 승귀에 관한 내용과 함께 그의 죽음과 부활 및 승천에 관한 내용이 포함된다. 다음으로 예수님께서 승천하신 후 그를 대신할 성령에 대한 요한의 강조점에 대해 살펴보고, 이어서 요한신학의 양극화, 즉 빛과 어두움, 신앙과 불신, 하늘과 땅 및 영과 육 등과 같이 서로 대립되는 개념에 대해 다룬다. 이러한 대립적 쌍은 요한신학을 이해하는데 매우 중요하다. 그 내용이 충격적일 뿐만 아니라 예수님을 메시아와 하나님의 아들로 보는 사상을 강조하기 때문이다. 따라서 독자들은 예수님의 편에 설 것인지 그를 반대할 것인지에 대해 선택해야 한다. 이 선택에 따라 자신의 영원한 운명이 결정된다.

다음으로 살펴볼 주제는 다양한 형태로 제시되는 요한의 구원론이다. 요한의 글에서 구원론은 기독론 다음으로 중요한 주제이다. 본 장에서는 하나님의 계획의 일부로서 예수님의 죽음과 자발적인 죽으심 및 제물로서의 죽으심을 포함한 요한의 십자가 신학 전반에 대해 살펴볼 것이다. 또한 네 번째 복음서에 나타난 제자들의 예수님에 대한 신앙에도 초점을 맞출 것이다. 이들의 신앙은 예수님을 메시아로 믿는 것으로부터 시작하여 예수님 주시며 하나님이시라는 도마의 고백(요 20:28)에서 절정에 달한다. 이어서 중생과 믿음의 포괄적 의미에 대해 살펴볼 것이다. 끝으로 신자들이 현재적으로 경험하게 될 영생에 대한 요한의 독특한 강조에 대해 살펴본다.

마지막 부분은 요한의 종말론에 대해 다룬다. 여기에는 "미래적" 종말론과 소위 "실현된" 종말론 사이의 긴장이 포함된다. 그 외에도 다른 몇 가지 중요한 주제들에 대해서도 논의될 것이다.

1. 요한복음

1) 요한의 서술적 특징 및 신학적 강조점

요한의 이야기 스타일은 공관복음서와는 분명히 다르다. 그는 자신이 원하는 신학적 강조를 위해 몇 가지 형식적 기법을 도입한다. 이들 가운데 특히 확장된 강화 자료를 사용한 것이나, 곁말놀이나 오해의 여지가 있는 문장 및 반어법과 같은 문학적 기법을 빈번하게 사용한 것은 중요하다.

(1) 요한복음의 형식적 특징으로서 강화 자료

다락방 강화(14-17장)나 요한복음 3:1-21, 31-36; 4:4-42; 5:16-47; 6:25-71; 7:14-36; 8:12-59; 12:44-50과 같은 긴 강화들은 모두 예수님의 공적 가르침과 개인적 대화를 연장한 내용이다. 이것은 공관복음의 특징이라고 할 수 있는 예수님의 짧고 함축적인 표현과는 대조를 이룬다.[2] 이와 같이 예수님의 말씀을 완전한 형태로 전하기로 함에 따라 복음서 저자는 독자들에게 예수님 자신의 가르침을 그대로 제시할 수 있었다. 따라서 여기에는 예수님 자신이 사용하신 이미지나 상징이 종종 포함된다. 예를 들어, 성령과 관련하여 "물"이란 단어를 반복해서 사용한 것이나(3:5; 4:10; 7:38-39), 예수께서 자신을 생명의 떡이라고 말씀하신 것이다(6:26-59).

(2) 곁말놀이 및 오해의 여지가 있는 문장

확장된 강화와 함께 요한은 이중적 의미를 포함한 여러 가지 단어유희를 사용한다. 몇 가지 예를 살펴보면, 1:5에 언급된 헬라어 *katelaben*은 "극복하다"나 "깨닫다"라는 의미로 사용될 수 있으며, 3:3의 *anōthen*에는 "위로부터"와 "다시"의 두 가지 뜻이 담겨 있다. 4:10-11의 물은 "흐르다"와 "살아 있다"(*zōn*)라는 뜻이 담겨져 있다. 7:8의 "올라가지"(*anabainō*) 않겠

---

[2] 이러한 형식적 차이는 부분적으로 다음과 같이 설명할 수 있다. 즉 네 번째 복음서는 다른 복음서가 기록되기 이전에 예수님의 생애와 사역에 관해 사도 요한이 행한 일련의 설교로부터 나왔을 가능성이 있다는 것이다. 이것은 요한에게 예수님의 가르침에 대해 다른 공관복음서와 같이 핵심적인 요약적 언급이 아니라 보다 완전한 형태로 제시하게 했을 것이다.

다는 예수님의 말씀은 예루살렘으로 가지 않겠다는 말씀인 동시에 아버지께로 돌아갈 때가 아직 차지 않았다는 표현이기도 하다.

요한은 종종 자신의 신학적 주장을 위해 이러한 이중적 의미를 "오해의 여지가 있는 문장"(즉 독자들에게는 지상의 상황에 관한 언급으로 들리나 실제로는 하늘의 일이나 영원한 진리에 대한 말씀)과 함께 제시한다. 예를 들면, 요한복음 3:3-4에서 니고데모는 "위로부터"(NIV 역본 참조) 나야한다는 예수님의 말씀에 대해 두 번째 육체적 출생으로 이해하였다. 2:19-22; 4:10-11; 6:32-34 등에서도 이러한 예를 찾아볼 수 있다. 이 경우 제자들은 예수님에게 그의 진의를 묻곤 하였다. 이것은 단순한 선언적 언급보다 훨씬 강력한 신학적 주장을 전달하게 된다.[3]

(3) 요한의 반어법

요한은 예수님에 대한 사람들의 경멸과 조소 및 회의적인 언급에 대해 여러 곳에서 기록하고 있다. 예를 들어 요한복음 4:12에서 사마리아 여인은 "우리 조상 야곱이 이 우물을 우리에게 주었고 또 여기서 자기와 자기 아들들과 짐승이 다 먹었으니 당신이 야곱보다 더 크니이까" 라고 물었다.[4] 이러한 반어법을 통해 본문은 당시에 화자가 생각했던 것보다 더 옳거나 깊은 의미를 가지고 있음을 보여준다. 독자들은 적어도 이 시점에서 예수님이 누구신지 어느 정도 알고 있기 때문에 이 말이 참이며 그것에 동의할 수 있음을 깨닫게 되는 것이다. 4:12의 경우 예수님은 실제로 야곱보다 크신 분임을 보여주고 있는 것이다.

요한복음에서 다른 반어법적 언급은 7:35, 42; 8:22 및 11:50에서 찾아볼 수 있다. 마지막 본문은 가야바가 말한 내용으로 우리에게 잘 알려져 있다:

---

[3] 이러한 문학적 기법들은 예수님 자신의 가르침으로부터 기인한다. 그러나 복음서 기자들 가운데 유독 요한은 그것을 즐겨 사용한다.
[4] 헬라어에 있어 이러한 여인의 질문은 부정적 대답을 기대하고 있다. 이것은 NIV 역에서는 찾아볼 수 없으나 NASB는 "당신은 우리 조상 야곱보다 적지 않느냐?" 라고 번역한다.

"한 사람이 백성을 위하여 죽어서 온 민족이 망하지 않게 되는 것이 너희에게 유익한 줄을 생각지 아니하는도다." 가야바는 정치적 의미를 가지고 이 말을 하였다(cf. 11:48). 즉 만일 예수를 따르는 자들이 봉기를 일으키면 로마가 보복할 것이므로 예수님의 죽음은 유대나라를 로마의 손으로부터 건질 수 있다는 것이다. 그럼에도 불구하고 예수께서 실제로 다른 사람들의 죄를 대신하여 죽을 것이라는 사실을 알고 있는 독자들은 가야바의 언급을 통해 반어법적 요소를 발견하게 되는 것이다.5) 이러한 반어법적 언급은 복음서 기자에 의해 별도로 설명되지 않는다. 그는 독자들이 스스로 그 의미를 깨닫도록 맡긴다. 이러한 반어법은 예수님이 누구신가라는 사실을 강조하며, 오늘날 요한복음을 공부하는 학생들에게 익숙한 "예수님은 누구신가?"라는 질문에 다시 한번 초점을 맞추게 한다.

2) 요한복음의 구조와 신학적 강조점

요한복음을 대충 훑어보더라도 이 책의 기본적 구조를 찾을 수 있다. 본서는 크게 두 개의 주요 부분으로 나눌 수 있다. 첫 번째 부분(1:19-12:50)은 예수님이 누구신가를 증거하기 위해 몇 가지 표적을 선택적으로 제시하며, 두 번째 부분(13:1-20:31)은 하나의 긴 강화(소위 다락방 강화)와 수난 기사로 되어 있다.6) 첫 번째 부분에 앞서 네 번째 복음서의 주요 주제들을 소개하는 서문(1:1-18)이 제시되며 두 번째 부분 뒤에는 이들 주제를 되풀이 하는 에필로그(21:1-14)가 이어진다.

(1) 표적과 예수님에 대한 제시

예수님의 일곱 표적은 요한복음 첫 번째 부분에 기록되어 있다.7) 첫 번째

---

5) Cf. 요일 2:2.
6) C. H. Dodd는 첫 번째 부분을 "표적의 책"(the Book of Signs)이라고 불렀다(*The Interpretation of the Fourth Gospel* [Cambridge: Cambridge Univ., 1953], 289). Raymond A. Brown은 두 번째 부분을 "영광의 책"(the Book of Glory)이라고 불렀다(*The Gospel According to John* [i-xii], The Anchor Bible [Garden City, N.Y.: Doubleday, 1966], cxxxviii-cxxxix).
7) 일곱 표적에 대해서는 예수님의 인격에 대해 다루는 부분에서 보다 자세히 제시할 것이다.

표적은 물로 포도주를 만드신 사건이다(2:1-11). 2:11은 이것을 예수님의 "처음"(archē) 표적 이라고 기록하고 있다. 두 번째 표적은 왕의 신하의 아들을 고치신 사건이다(4:46-54). 벳세다에서 중풍병자를 고치신 사건(5:2-9)이 세 번째 표적이며, 이어서 많은 무리를 먹이신 네 번째 표적(6:1-14)과 예수께서 물위로 걸으신 다섯 번째 표적(6:16-21)이 계속된다. 여섯 번째 표적은 나면서 소경된 자를 고치신 사건(9:1-7)이며, 일곱 번째 표적은 죽은 나사로를 살리신 사건(11:1-44)이다.

신학적으로 볼 때 모든 표적은 예수님이 누구이신가에 초점을 맞춘다. 그는 단순히 선지자나 기적을 행하는 자가 아니며 일반적으로 기대하던 메시아도 아니다. 그는 이미 서문(1:1-18)에서 제시한 대로 성육신 하신 말씀이며, 본서의 절정 부분(20:28)에서 도마에 의해 확인된다. 예수님의 지상 사역에서 표적을 보고 믿는 자도 있었으나 거절하는 사람들도 있었다(1:11-12). 복음서의 저자는 독자들이 표적을 보고 믿음으로 예수 그리스도를 통해 영생을 받고 그 분 안에서 믿음이 자라기를 원하였다(20:31).

요한복음 첫 번째 부분에 언급된 일곱 표적의 구성은 독자들에게 "예수님은 누구신가?"라는 질문을 지속적으로 던지게 한다. 동시에 예수께서 나사로를 다시 살리시는 마지막 일곱 번째 표적(11:1-44)은 예수님의 수난을 향한 길을 준비하고 예수님 자신의 부활에 대해 설명한다. 요한이 비록 예수님의 표적 가운데 하나로 기록하지 않았지만 예수님의 부활은 이전의 표적들과 동일한 역할을 한다. 이 사건을 목도하고 그것의 의미를 깨달은 자들로 하여금 믿게 하였기 때문이다(요 20:8).

(2) 구조적 요소로서 강화 자료

이러한 표적과 함께 그것과 밀접한 관련을 가진 긴 분량의 강화가 제시된다. 강화의 내용은 대부분 다양한 개인과 그룹에 대한 예수님의 교훈적 언급이다. 극적인(dramatic) 막간을 형성하고 있는 이러한 교훈적 언급들은 표적을 통해 제공되는 신학적 통찰력을 뒷받침하는 역할을 한다. 동시에 이 강화는 종종 예수님 자신(4:4-42)이나 그의 사역(6:25-71에서와 같이) 및 그의 선언적 주장(8:12-59)에 대한 독자들의 신학적 통찰력을 향상시킨다. 이러한 요한복음의 강화 자료에는 "나는 ~이다"(I am)라는 언급이 대부분 포함되어 있다. 이것은 어느 정도 출애굽기 3:14의 내용을 반영한 것이다.[8] 또한 이 강화 자료에는 요한복음 14-17장에 제시되어 있는 긴 다락방 강화가 포함된다.[9]

네 번째 복음에 나타난 이와 같이 주요 구조적 요소들은 요한신학의 기독론적 강조점 및 구원론적 강조점을 형성하는 중요한 요소가 된다. 전자와 관련하여 이들 본문은 독자들에게 끊임없이 "예수님은 누구신가?"라는 질문을 제시한다. 후자와 관련하여 이들 본문은 독자들에게 강화와 함께 예수님과 다양한 개인들과의 대화를 제시한다. 그들은 모두 예수님을 어떻게 생각해야 하는가라는 문제와 맞서고 있다(예를 들어, 3장에 언급된 니고데모나 4장에 나오는 우물가의 여인 및 5장의 중풍병자, 그리고 9장의 나면서 소경된 자). 이것은 요한복음 20:31에 제시된 대로 요한이 복음서를 기록한 목적과도 매우 잘 부합된다.

2. 요한서신: 신학적 논쟁

요한의 서신에 나타난 신학적 강조점은 독자들에 대한 목회적 관심으로부터 나온 것이다. 이러한 관심은 서신의 수신자인 소아시아 교회에서 일어난 예수님에 대한 신학적 논쟁에 의해 야기되었다. 이 논쟁은 심각한 분열을 초래하게 되었고, 그 결과 신앙을 고백한 많은 사람들(아마도 대다수)이 교회를 떠나게 되었다(cf. 요일 2:19). 요한이 서신을 기록한 목적은 교회를 떠나

---

[8] 유일한 예외는 아마도 요한복음 18:5일 것이다. 본문은 예수님의 체포와 관련된 기사에서 발견된다. 엄격히 말하면 이것은 강화라고 볼 수는 없다. "나는 ~이다"라는 모든 문장에 대해서는 예수님의 신성에 관해 다룬 장에서 보다 자세히 논의될 것이다.
[9] 이 자료는 제자들에 대한 예수님의 고별 설교(Farewell Discourse)라고 부르는 것이 보다 정확할 것이다. 본문은 말씀이 주어진 장소보다 내용에 보다 많은 초점을 맞추고 있기 때문이다.

지 않고 남아 있는 자들에게 그들이 예수님에 대한 바른 사도적 고백에 서 있으며, 영생을 소유하고 있다는 사실을 확인하기 위해서였다(요일 2:21, 24). 교회를 떠나려는 대적들과의 논쟁이 끊이지 않았던 독자들에게는 이러한 확신이 절대적으로 필요하였다. 그들의 이단적 기독론은 예수님의 완전한 인성과 함께 제자들이 따라야 할 본으로서 그의 생애와 지상 사역의 중요성을 부인하였다(cf. 2:26; 4:2-3). 대적들의 잘못된 기독론은 전적으로 거짓이었으며, 요한이 그들을 적그리스도라고 부를 만큼 심각한 수준에 와 있었다(2:18, 22; 4:3). 당시 많은 사람들이 그들의 가르침에 동요될 위험에 있었으므로 교회에 대한 요한의 메시지는 그만큼 시급한 것이었다(2:26; 3:7).

요한은 분리주의적 대적들이 하나님과의 관계에 대해 무엇이라고 주장하든, 이들은 사실상 진정한 성도의 교제와는 상관없는 자들이라는 점을 분명히 제시하였다. 이것은 그들이 성도의 교제를 이탈함으로 분명히 드러난다: "저희가 우리에게서 나갔으나 우리에게 속하지 아니하였나니 만일 우리에게 속하였더면 우리와 함께 거하였으려니와 저희가 나간 것은 다 우리에게 속하지 아니함을 나타내려 함이니라"(2:19). 사실상 대적들은 세상에 속하였으며 예수님의 참된 제자들의 교제에 속하지 않았던 것이다: "저희는 세상에 속한 고로 세상에 속한 말을 하매 세상이 저희 말을 듣느니라"(4:5).[10]

이러한 관점에서 볼 때 요한복음에 나타난 그의 양극화(대조법) 이미지가 전면에 부상하는 것은 당연하다. 이와 같이 다양한 대조적 이미지는 독자들에게 그들의 신학과 분리주의적 대적들의 신학이 현격히 다르다는 사실을 강조하기 위해 제시된다. 요한은 빛과 어두움, 특히 사랑과 미움이라는 대조법을 통해 독자들과 대적들을 대조적으로 보여준다. 적그리스도라는 표현 역시 참된 신자인 독자들과 그렇지 못한 대적들을 구분하기 위해 사용된다(2:18, 22; 4:3). 요한에게 있어 기독론이나 도덕적 이슈들은 위기에 처한 것이 분명하며, 여기에 중간 지대란 없다. 따라서 대적들과 그들이 주장하는

---

10) 예수님을 따르는 자들과 구별되는 "세상"은 예수께서 제자들을 위해 기도하신 요한복음 17:1-26, 특히 6-19절에 분명히 제시된다.

이단적 기독론을 따르든지, 사도와 그들이 주장하는 예수님을 따라야 한다. 다른 대안은 없다.

3. 요한계시록: 언어와 이미지 및 신학

일반 독자들이나 성경에 익숙하지 않은 사람들이 요한복음이나 요한서신을 읽을 경우, 내용에 대한 자세한 해석은 할 수 없더라도 그것이 주장하는 핵심적인 주제가 무엇인지는 쉽게 알 수 있다. 사실상 이들 두 책에 대한 독자들의 요약은 유사할 수밖에 없다. 그러나 요한계시록의 경우는 다르다. 아마도 본서는 처음 읽는 독자들을 당황하게 할 것이다. 책에 대한 요약도 극히 일반적인 내용 외에는 읽는 사람마다 현격하게 다를 것이다(따라서 이런 이유로 계시록 주석가들은 광범위한 해석학적 편차를 보인다).

그 이유가 무엇인가? 이것은 계시록이 묵시라는 문학적 장르로 알려진 상징으로 되어 있기 때문이다(사실상 신약성경 가운데는 유일하다). 오늘날 정치 풍자화에 많이 사용되고 있는 상징들과 같이 묵시 문학에서도 이러한 상징과 이미지가 광범위하게 사용되었다. 유대인이든, 헬라 이교도이든, 기독교인이든 1세기 독자들은 오늘날 평균적 독자들에 비해 훨씬 묵시적 이미지에 숙달되어 있었다.

1) 요한계시록에 사용된 상징적 언어

해석학적 어려움은 묵시적 상징에 대해 얼마나 문학적으로 받아들일 것이며, 어느 정도 비유적으로 볼 것인가라는 문제부터 시작된다. 예를 들어 요한이 언급한 "보좌와 네 생물과 장로들 사이에 어린 양이 섰는데 일찍 죽임을 당한 것 같더라"(계 5:6)에서 어린 양이 주 예수 그리스도를 상징한다는 것은 누구라도 알 수 있다. 양이 "죽임을 당했다"는 것은 예수님이 십자가에서 희생적 죽음을 당하셨음을 말해주며, 세례 요한이 요한복음에서 제시한 "하나님의 어린 양" 이미지(요 1:29, 36)와 연결된다. 이것은 구약성경의 유

유월절 어린양(출 12:21-28) 및 고난의 종으로 "도살장으로 끌려가는 어린 양" (사 53:7)의 이미지로 거슬러 올라간다.[11]

앞에서 제시된 설명을 통해 일단 "양"이 주 예수 그리스도로 규명된 이상, 동일한 언급을 위한 더 이상의 자세한 설명은 필요 없다. 독자들은 이 상징이 나머지 책 전체에서 같은 의미로 사용될 것임을 안다. 한 가지 예외는 요한계시록 13:11이다. 본문의 "양"은 예수님에 대한 언급이 아니다. 이 구절은 적그리스도를 돕는 자로서 거짓 선지자(19:20)로 알려진 두 번째 동물을 지칭하기 때문이다.

보다 어려운 해석은 다섯 째 천사가 나팔을 분 후 이 땅에 재앙을 가져올 황충(locusts)에 관한 상징적 언어이다(계 9:1-12). 이 내용은 매우 상세하게 제시되어 있다. 즉 황충의 모습은 "전쟁을 위하여 예비한 말들"과 같다(7절). 그들은 머리에 "금 같은 면류관 비슷한 것"을 썼으며 "그 얼굴은 사람의 얼굴 같고"(7절)라고 하였다. 황충은 "여자의 머리털 같은 머리털"이 있고 그 이는 "사자의 이"(7절)와 같다고 하였다. 그들은 "철 흉갑 같은 흉갑"(9절)과 "전갈과 같은 꼬리"(10절)로 무장하였다.

우리는 과연 이러한 설명에 대해 문학적으로 이해하여 실제로 요한이 환상을 통해 보았던 것과 같은 모습의 짐승에 대한 언급으로 이해해야 하는가? 아니면 일부에서 주장하듯이 1세기의 무장한 공격용 헬리콥터에 대한 설명으로 보아야 하는가? 아마도 두 주장 모두 적절한 해석이 될 수 없을 것이다. 더구나 황충에 대한 요한의 묘사는 요엘이 예언한 메뚜기 재앙(욜 2:1-10)과 유사하다. 구약성경의 예언은 요한계시록에 언급된 내용과는 세부적인 면에 있어서 상당한 차이가 있다. 계시록의 언어들은 상징적으로 이해하는 것이 적절하다. 요한계시록 9:2-3에 언급된 황충의 기원은 중요한 해석학적 단서를 제공한다. 그들은 사단의 소굴인 무저갱으로부터 올라오는 풀무의 연

---

[11] 요한계시록에 사용된 대부분의 묵시적 상징은 구약성경에 근거를 두고 있다. 이것은 종종 이미지를 이해하는데 필요한 해석학적 키를 제공한다.

기 같은 연기 가운데로부터 나왔다. 황충이 사단과 연결되어 있다는 사실은 11절에서 확인된다. 본문은 히브리어로 아바돈(Abaddon)이고 헬라 이름은 아볼루온(Apollyon)이라고 하는 무저갱의 사자가 저들의 임금이라고 말한다. 요한의 예언적 환상에 대한 자세한 설명은 할 수 없으나 이 환상은 다섯 달 동안 사람에게 고통을 주는 사단의 재앙에 관한 언급으로 볼 수 있다(10절).

요한계시록에 사용된 언어에 대한 상징적 해석은 미래적이거나 예언적인 본질로부터 나오지 않는다는 사실에 유의하는 것이 중요하다. 요한이 환상을 통해 묘사하는 사건이나 사람들은 비록 상징적인 언어로 기록되었다 하더라도 실제적이다. 이것은 예수님을 "어린 양"이라는 상징적 언어로 묘사한 것이 하늘에서 그가 누리고 있는 현재적 영광이나 장차 다시 오실 것이라는 사실에 변화를 주지 못하는 것과 같다.

2) 요한계시록과 다른 묵시 문학 사이의 중요한 차이점

다른 묵시 문학 작품과의 여러 가지 유사성에도 불구하고 요한계시록은 이들과 중요한 차이점이 있다. 요한계시록을 다른 성경의 묵시서와 동일한 범주로 보려는 사람들이 간과하기 쉬운 중요한 사실은 요한계시록의 저자가 자신의 예언서임을 분명히 알고 있다는 사실이다. "이 예언의 말씀을 읽는 자와 듣는 자들과 그 가운데 기록한 것을 지키는 자들이 복이 있나니"(계 1:3). 이 주장은 22:7, 10, 18-19에서 다시 반복된다. 성경외적인 묵시적 작품들은 대개 익명이거나 책의 권위나 독자들의 관심을 끌기 위해 유명한 역사적 인물의 이름으로 기록한다. 그러나 요한계시록의 저자는 자신을 "요한"이라고 분명히 밝히고 있으며(1:1, 4, 9; 22:8), 그는 다른 권위를 부여할 필요가 없었다. 그의 글은 하나님으로부터 나온 계시이기에 권위가 있으며 어떤 인간 저자도 필요하지 않았다.

우리는 요한계시록과 다른 묵시적 장르 사이의 다른 중요한 차이점들에 대해서도 유의할 필요가 있다. 첫째로, 요한계시록에는 소아시아 일곱 교회에 대한 목회 서신이 포함되어 있다(계 2-3장). 이것은 다른 묵시서에서는 찾아볼 수 없는 요소이다. 둘째로, 대부분의 성경외적 묵시 문학은 일반적으로 이 시대에 대해 비관적이며, 장차 올 시대에서 구원을 찾는다. 이에 반해 요한계시록은 이 땅에서의 악의 존재에 대해 매우 실제적이며, 특히 이것은 그리스도가 다시 오시기 직전까지 계속될 것이기에 더욱 그러하다. 그러나 동시에 누가 최후의 승리자가 될 것인지는 분명하다. 셋째로, 요한계시록은 다른 성경에서 찾아볼 수 있는 역사에 나타난 하나님의 구속적 프로그램을 하나로 통합한다. 그것은 복음서의 마지막 부분에 제시된 예수님의 승천과 승귀하심에 이어 계속되는 "나머지 이야기"에 관해 언급한다.

따라서 요한계시록은 신약성경에 기록된 모든 요한의 글에 대한 결론일 뿐만 아니라 전 성경의 마지막 결론이기도 하다. 본서의 신학적 강조점은 때때로 상징적 언어들을 통해 제시되지만 바울 서신에서 발견되는 전제적 신학에 비해 결코 비현실적이거나 영감성이 부족하지 않다. 본서에는 주 예수 그리스도와 인류 역사의 마지막 단계에 대한 중요한 진리들이 내포되어 있다.

4. 기독론: 예수님은 누구신가?

앞에서 언급한대로 기독론은 신약성경에 기록된 모든 요한의 글에서 가장 중요하게 다루어진다. 요한복음에서 가장 중요하게 다루어지는 주제는 예수님이 누구신가라는 것이다. 즉 그는 하나님의 아들로서 성부의 보내심을 받았으며 스스로 신성을 지니신 분이시다.[12] 만일 요한복음의 클라이막스가 "나의 주시며 나의 하나님이시니이다"(20:28)라는 도마의 선언으로 나타난다면, 본서 전체의 주제는 20:31의 내용으로 요약할 수 있다. 본문은 요한복음의 목적이 독자들로 하여금 예수님이 누구신지를 정확히 깨닫고 영생을 얻게 하려는 것임을 보여준다.

---

12) 요한복음 20:31은 본서의 주요 목적이 예수가 하나님의 아들, 그리스도(즉 메시아)임을 확인하는 것이라고 강조한다.

마찬가지로 기독론은 요한서신에서도 가장 중요하게 다루어진다. 요한일서 1:1은 "태초부터 있는 생명의 말씀에 관하여는 우리가 들은 바요 눈으로 본 바요 주목하고 우리 손으로 만진 바"라고 선언한다. 이 "생명의 말씀"은 예수님 자신이며, 요한은 서신의 수신자들에게 분리적 대적자들이 주장하는 이단과 대조되는 정통적인 기독론을 제시하기 위해 서신을 기록하였던 것이다. 따라서 예수님에 대한 바른 깨달음은 특히 그의 지상 생애와 사역의 중요성과 관련하여, 요한의 세 서신서의 배후에 있는 논쟁의 핵심적 쟁점이다.

기독론은 요한계시록에서도 중요하게 다루어진다. 사실 본서의 내용 전체는 "예수 그리스도의 계시라 이는 하나님이 그에게 주사 반드시 속히 될 일을 그 종들에게 보이시려고... 지시하신 것"(계 1:1)이다. 본서의 첫 장은 승귀하신 그리스도에 대한 요한의 환상(1:12-18)이 지배한다. 본서의 주제는 모든 대적들에 대한 예수 그리스도의 궁극적인 승리와 그의 지상 왕국 수립이다.

1) 요한복음에 나타난 예수님의 인격
요한복음 20:28에 언급된 도마의 고백은 예수님이 누구신가에 대해 극적으로 제시한다. 그러나 예수님에 관한 증거는 네 번째 복음서의 마지막 장들에만 한정된 것은 아니다. 이러한 증거는 본서 전체에서 발견되며, 특히 본서의 앞부분에 언급된 세례 요한과 나다나엘의 증거, 요한복음 2:1-11:44에 등장하는 일곱 가지의 표적, 그리고 대적들과 제자들을 향한 예수님 자신의 긴 강화를 통해 찾아볼 수 있다.

(1) 세례 요한과 나다나엘의 증거
예수님의 신분과 관련하여 요한복음의 독자들이 첫 번째로 만나는 암시들 가운데 하나는 세례 요한의 증거이다. 그의 증거는 요한복음 서문(요 1:6-8, 15)에 제시되며 이어서 1장의 나머지 부분에서 계속된다(1:19-35). 세례 요한은 먼저 대표적인 유대 지도자들에게 자신은 그가 아니라고 증거한다

---

13) 이것은 신명기 18:15-18에 약속된 "모세와 같은 선지자"를 지칭한다.

(1:19-27). 그는 자신이 메시아나 엘리야가 아니며 종말론적 선지자도 아니라고 부인한다.[13] 세례 요한은 자신에 대해 이사야 40:3의 말씀을 인용하여 "주의 길을 곧게 하라"고 광야에서 외치는 자라고 소개하였다. 세례 요한은 자신이 세례를 주는 이유에 대해 한 위대하신 분이 자기 뒤에 오실 것이라는 말로 간접적인 대답을 하였다(1:26-27). 유대 지도자들에 대한 그의 대답은 이어지는 구절(29-34절)에서 분명히 제시한다. 세례 요한은 오실 메시아에 대한 증인으로 왔다. 그는 자신도 그가 누구신지 모른다고 하였다(31절). 그러나 그는 메시아가 이스라엘에 드러나실 수 있도록 세례를 주는 일을 하였다. 그는 성령이 예수께 머무는 것을 보고(33절) 그 분이 예수님이심을 알았다. 세례 요한은 34절에서 자신의 증거에 대해 다음과 같이 요약하고 있다. "내가 보고 그가 하나님의 아들이심을 증거하였노라"(cf. 20:31).

세례 요한의 제자 가운데 두 명이 그의 증거를 듣고 그를 떠나 예수님을 좇았으며(1:37), 두 사람 가운데 하나인 안드레는 그의 형제인 시몬 베드로를 찾아가 "우리가 메시아를 만났다"(41절)라고 말했다. 이와 같이 요한복음의 시작부터 예수님은 하나님의 아들(34절)과 메시아(41절)로 제시된다. 두 호칭은 본서에 매우 빈번하게 등장한다. 더구나 빌립은 나다나엘에게 "모세가 율법에 기록하였고 여러 선지자가 기록한 그이를 우리가 만났으니 요셉의 아들 나사렛 예수니라"(45절)고 함으로써 예수님과 구약성경의 약속을 연결하였다. 나다나엘은 예수님을 직접 만난 후 그는 하나님의 아들이시며 이스라엘의 임금이라고 선언하였다(49절). 이것은 세례 요한의 증거를 더욱 강조한다. 이렇게 두 증인은 예수께서 하나님의 아들이심을 증거하였던 것이다.

(2) 일곱 표적과 예수님의 신분
혼인 잔치에서 물을 포도주로 변하게 하신 첫 번째 표적(2:1-11) 이후, 이 표적의 목적이 언급된다(11절). 즉 그것을 통해 예수께서 그의 "영광"을 드러내었으며 제자들은 그를 믿게 되었다는 것이다. 따라서 첫 번째 표적은 이어지는 다른 표적들과 동일한 목적을 가진다. 즉 예수님이 누구신지를 드러내는 것이다. 요한복음 2:1-11에 대한 학자들의 해석과 달리 요한복음의 저자는 물과 유대인의 정결과의 관계에 초점을 맞추지 않으며, 물을 포도주로 변하게 한 것이나 심지어 물로 만든 포도주의 질에 대해서도 강조하지 않는다. 요한은 마리아나 그의 개입에 대해 초점을 맞추지 않으며, 왜 그녀가 그러한 요구를 하였으며, 예수님의 첫 번째 반응 후에도 계속해서 요구하였는지에 대해서도 강조하지 않는다. 또한 요한은 잔치집 주인이나 신부에 대해서도 초점을 맞추지 않는다. 가장 중요한 초점은 요한의 다른 표적이나 강화에서도 마찬가지이지만 성부의 보내심을 받아 세상에 구원을 가지고 오신 예수님에게 맞추어진다. 오직 그의 영광(*doxa*)만 제시될 뿐이며, 본문이 강조하는 유일한 반응은 제자들의 예수님에 대한 믿음의 반응뿐이다(20:31).

마찬가지로 가나에서 왕의 신하의 아들을 고치신 두 번째 사건(4:46-54) 역시 예수님에 대해 증거한다. 본문은 이야기의 흐름이 전환되는 중요한 곳에 위치한다. 예수님을 믿어야 할 필요성에 대한 강조는 앞부분에 제시된 2-4장에서 요약되고 절정에 달한다. 반면에 생명을 주는 자로서 예수님에 대한 강조는 다음 부분(5-10장)에서 가장 중요한 주제 가운데 하나로 제시된다. 2-4장은 독자들에게 사람들이 어떻게 예수님에게 반응하는지를 보여준다. 니고데모는 예수님에게 부적절하게(적어도 이 시점에서는) 반응한 반면 사마리아 사람들은 적절한 반응을 보여주었다(4:42). 물론 그의 제자들은 가나에서 있었던 혼인 잔치에서 그를 믿었다(2:11). 이어지는 장들(5-10장)에서 예수님은 생명을 주는 자로 묘사된다(2-4장에서도 이에 대한 내용이 제시된다; 4장의 생수에 대한 소개를 참조하라). 예수님은 또한 생명의 떡이시며(6장), 생수를 주시는 자이시며(7장), 생명의 빛이시다(8장).

세 번째 표적은 베데스다에서 중풍병자를 고치신 사건(5:1-47)이다. 본문은 예수님에 대한 믿음이 얼마나 중요한지를 보여준다. 5:1-15에서 예수님은 중풍병자를 고치신 후 다시는 죄를 범치 말라고 하셨다(5:14). 아들은 죽음과 죄의 멍에를 진자들에게 생명을 주신다. 문제는 개인의 의지로 그 주시는 것을 무시한다는 것이다. 그렇게 하는 것은 아들을 믿지 않는 것이다. 더욱이 이들에게는 마지막 심판이 반드시 임하게 될 것이다(5:29).

네 번째 및 다섯 번째 표적은 6장에 제시된다. 큰 무리를 먹이신 네 번째 표적(6:1-15)은 독자들에게 다시 한번 초자연적 현상과 직면하게 한다. 그러나 이번에는 물로 포도주를 만드신 사건이나 가나에서 왕의 신하의 아들을 고치신 사건 또는 베데스다에서 중풍병자를 고치신 사건보다 훨씬 "큰" 규모이다. 이것은 사복음서 가운데 수난주간 이전에 예수님의 공적사역에서 행하신 유일한 사건이다. 다른 표적들과 마찬가지로 다섯 번째 표적에 이어지는 소위 "생명의 떡" 강화(6:25-7:1)를 통해 다시 한번 예수님의 신분이 드러난다. 예수님은 무리를 향해 하나님의 보내신 자를 믿으라고 촉구하심으로(6:29) 인격적 반응과 신앙을 요구하셨다. "내가 곧 생명의 떡이니"(6:35)라는 말씀은 요한복음 4장의 "생수"에 대한 언급과 함께 예수님이 영생의 수여자이자 유지하시는 분이심을 보여준다.

예수께서 물 위로 걸으신 다섯 번째 표적(6:16-21)은 제자들에게만 보여주신, 다소 덜 "공개적인" 표적이었다. 많은 사람들은 이것을 자연에 대한 기적으로 보고 예수님의 자연에 대한 주권을 강조한다. 제자들은 이로 말미암아 광풍으로부터 구원을 받았던 것이다. 그러나 요한은 예수께서 파도를 잔잔케 하셨다거나(공관복음에서와 같이) 배에 오르셨다는 언급조차 하지 않는다(21절은 제자들이 예수님을 배로 영접하고자 했다고 말할 뿐이다; 따라서 그가 배에 오르셨다고 추정할 수도 있으나 요한복음 6장에는 이에 대한 언급이 없다). 그렇다면 왜 요한은 이 표적을 포함시켰으며, 생명의 떡 강화(6:22-7:1)는 무리를 먹이신 기적(6:1-15) 바로 다음에 이어오지 않았는가? 가장 그럴듯한 대답은 6:35, 41, 48, 51에 언급된 "나는 ?이다"라는 예수님의 언급에 있다. 예수님은 신적 이름을 가지신 분이다(cf. 출 3:14). 이것은 요한에게 있어서 공관복음에 기록된 예수님의 용모가 변화되신 사건과 동일한 신현(theophany)의 특징을 가진다. 예수님께서 떡과 물고기로 많은 사람들의 배를 채우자 사람들은 그를 임금으로 삼으려 하였다(6:15). 다섯 번째 표적에 이어지는 생명의 떡 강화를 들은 많은 사람들은, 심지어 제자들조차 예수님이 자신에 관해 말씀하신 내용을 믿지 못하였다(60, 66절). 그러나 예수님은 배에 있던 제자들(아마도 무리가 아니라 열두 제자[cf. 67절])을 향해 자신과 관련하여 정치적 메시아 이상의 의미를 은밀히 드러내셨던 것이다. 그에 대한 모든 것은 "나는 ?이다"라는 구절로 요약될 수 있다. 제자들은 이에 대해 어느 정도는 알고 있었다. 그들은 예수님을 메시아로 믿었다 (2:11). 그러나 예수님의 인격과 사역에 대한 제자들의 생각은 일반 대중의 생각과는 달라야 할 필요가 있었다.

여섯 번째 표적은 날 때부터 소경된 자를 고치신 사건(9장)이다. 이 표적은 메시아적 의미를 가진다. 구약성경에서 하나님은 소경된 자를 보게 하셨다(출 4:11; 시 146:8). 이사야서의 여러 본문(29:18; 35:5; 42:7)에 언급된 소경이 볼 것이라는 내용은 모두 메시아적 사역에 해당한다. 이들 예언에 대한 성취로서 예수님은 소경을 고치셨던 것이다. 세상의 빛으로서(요 8:12; 9:5) 예수님은 어두움을 물리치신다(cf. 1:5). 따라서 이 기적은 요한의 일곱 가지 표적 가운데 예수님의 신분과 메시아 되심을 보여주는 특별한 의미를 가진다. 요한은 복음서의 상당량을 빛과 어두움의 대조에 할애한다.

일곱 번째 표적인 나사로의 부활(11:1-44)은 예수님의 공적 사역의 절정기에 있었던 사건으로, 고별 강화 및 수난기사로 전환이 되는 부분이다. 본문은 예수님의 메시아 되심과 하나님과 동등하심에 대한 주장을 확인한다 (cf. 5:18). 이 기적과 날 때부터 소경된 자를 고치신 사건(9장)의 관계는 흥미롭다. 후자가 예수님을 세상의 빛으로 제시한다면(8:12; 9:5) 나사로를 살리신 11:1-44은 예수님을 생명으로 제시한다(cf. 14:6). 빛과 어두움이라는 두 주제는 말씀과 인간과의 관계를 묘사하기 위해 서문(1:4)에 언급되었다. 성육신 이전의 말씀이 창조시에 육신적 생명과 빛을 주셨다면(1:2) 성육신 하신 말씀으로서 예수님은 그를 믿는 자들에게 영적인 생명과 빛을 주신다.

(3) 요한복음의 강화와 예수님의 인격
표적과 함께 요한복음에 제시된 또 하나의 특징은 예수님의 긴 강화이다. 특히 예수님과 니고데모(3:1-21) 및 사마리아 여인(44:4-26)과의 대화, 유대 지도자들(5:16-47) 및 가버나움의 무리("생명의 떡" 강화, 6:25-59)와의 대화,

유대 지도자들("세상의 빛" 강화, 8:12-59) 및 바리새인("선한 사마리아인", 10:1-21)과의 대화, 그리고 제자들에 대한 예수님의 고별 강화(13:31-17:26)가 두드러진다. 일부 강화는 표적과 관련된다. 즉 "생명의 떡" 강화(6:25-59)는 많은 무리를 먹이신 네 번째 표적(6:1-15)과, "세상의 빛" 강화(8:12-59)는 날 때부터 소경된 자를 고치신 여섯 번째 표적(9:1-41)과 관련된다.

표적과 마찬가지로 강화는 예수님이 누구이신가에 관한 중요한 계시를 포함한다. 니고데모와의 대화(3:1-21)에서 예수님은 하나님의 보내심을 받은(17절) 진리의 계시자(12절)이며, 하늘에서 온 인자(13절)이다. 사마리아여인과의 대화(4:4-26)에서 예수님은 스스로 메시아이심을 밝히셨고(25-26절), 13절에서는 생수를 주시는 분이라고 하셨다. 유대 지도자들과의 대화(5:16-47)는 아들과 아버지의 관계를 드러내며 아버지께 의지하는 모습(19, 30절)과 아들에게 주신 심판의 권세(22, 27절)를 보여준다. "생명의 떡 강화(6:25-59)는 아들로서의 예수님에 관한 더 많은 계시를 보여주며(27, 40, 53절), 여기에는 하늘로부터의 기원(33, 38, 51, 58절)과 아버지(성부)로부터 보내심을 받음(29, 44, 57절) 및 아버지로부터의 인정(27절) 등이 포함된다. 예수님은 아버지의 보내심을 받은 유일한 분이시다(46절; cf. 1:18).

8:12-59의 "세상의 빛" 강화에는 동일한 주제가 많이 나타난다. 예수님은 아버지의 보내심을 받아(16, 18, 29, 42절) 아버지를 계시하신다(19, 28, 38, 40절). 아무도 예수님을 정죄할 수 없다(46절). 본 강화의 결론으로서 예수님은 자신의 선재하심과 하나님과 동등됨을 밝히신다(58절). 선한 목자 강화(10:1-21)는 예수님과 성부와의 관계를 다시 한번 보여주며(10:15), 특별히 자신의 생명을 다른 사람들을 위해 자발적으로 내어주셨음을 강조한다(10-11, 15, 17-18절).

제자들에 대한 고별 강화(13:31-17:26)는 예수님의 인격과 사역에 대해 많은 것을 계시한다. 아들로서 예수님은 영광을 받으셔야 한다(13:31-32; 16:14; 17:1-2, 5, 10, 22, 24). 이것은 다가오는 그의 십자가의 죽음과 성육신 이전의 영광을 다시 회복하심과 관련된다. 예수님은 아버지의 보내심을 받은 자이며(16:5; 17:3, 8, 18, 21, 23, 25), 아버지를 계시하시는 분(14:6, 9-11; 15:15; 16:15, 25; 17:6, 8, 26)이심이 다시 한번 드러난다. 본 강화에서 예수님은 자신이 아버지께로 돌아가야 함(14:2, 12, 28; 16:5, 10, 28; 17:11, 13)과 그에 대한 완전한 순종(14:10, 24, 31; 15:10; 17:4)을 거듭 밝히신다. 예수님은 성부께로 갈 수 있는 유일한 길이시다(14:6; 17:2).

2) 요한서신의 기독론

요한서신에서 예수님의 신분에 관한 이슈는 "생명의 말씀"(요일 1:1)과 하나님의 아들(2:22-23; 3:23; 4:15; 5:5, 10, 12-13)로서 예수님에 대한 강조와 함께 전면에 부상한다. 요한일서에는 아들에 관한 언급이 22번 나온다. 예수님의 인격과 사역에 관한 정확한 이해는 신자들에게 필수적이다. 따라서 요한일서는 요한서신의 수신자인 교회를 떠나 그들과의 교제를 끊어버린 분리주의 이단과 정통 그리스도인 간의 분쟁에 대한 사도들의 반응이라는 틀 안에서 이것을 보여준다. 사도 요한은 대적들의 잘못된 기독론을 책망하는 글을 직접 그들에게 보내지는 않았다. 그 대신 요한은 예수님에 관한 사도적 증거에 충실히 남아 있던 참 신자들에게(요일 1:1-4) 서신을 보내어 대적들이 어떤 말을 하든, 남아 있는 자들이 옳다는 사실을 확인하였던 것이다. 따라서 이러한 상황 하에서 보낸 첫 번째 서신의 핵심 주제는 당연히 예수님(특히 그의 지상 사역과 완전한 인성과 관련하여)이 누구신가라는 것이었다. 요한이서와 삼서 역시 동일한 논쟁을 배경으로 한다. 그러나 본 서신의 짧은 분량과 기록 목적, 즉 논쟁으로 야기된 구체적인 상황으로 인해 자세히 제시되지는 않았다.

3) 요한계시록의 기독론

신학적 관점에서 볼 때 본서의 초점은 다른 요한서신과 마찬가지로 기독론에 있다. 요한은 이 책을 "예수 그리스도의 계시라 이는 하나님이 그에게 주사 반드시 속히 될 일을 그 종들에게 보이시려고.. 지시하신 것"(1:1)이라고 하였다. 예수님의 비하와 십자가의 죽음, 부활, 승천 및 승귀하심을 보여주는 요한복음과 달리 본서는 "창세전에" 아버지와 함께 가졌던 영화(cf. 요

17:5)를 회복하신 승귀의 그리스도를 보여준다. 특별히 요한계시록은 이 땅에 자신의 왕국을 건설하기 위해 다시 오실 예수님과 그를 대적하기 위해 일어날 사단의 권세에 대한 그의 승리를 보여주는 데 초점을 맞춘다.

4) 예수님의 신성

다음은 신약성경 가운데 요한의 글에 나타난 호칭이나 관용구적 표현에 관한 내용으로, 예수님의 인격을 이해하기 위해 가장 중요한 자료라고 할 수 있다.

(1) 신성에 대한 확실한 주장

요한복음에 제시된 예수님의 신성에 관한 분명하고 결정적인 언급은 요한복음 20:28에 언급된 도마의 고백에서 찾을 수 있다. 그는 "나의 주시며 나의 하나님이시니이다"라고 외쳤던 것이다. 그러나 예수님에 대한 이러한 관점은 요한복음에서 이곳이 처음은 아니다. 이 내용은 이미 요한복음 서문에서 언급하였으며, 복음서 전체를 통해 계속적으로 반복하여 강조되어 왔던 것이다. 요한복음 1:1은 말씀(1:14에 예수님으로 규명된 *Logos*)에 대해 세 가지의 주장을 한다. 첫째로, 피조 세계가 존재하기 전에 이미 말씀은 존재하고 있었다. 둘째로, 이 말씀은 하나님과 밀접한 인격적 관계를 가지고 계신다. 셋째로, 말씀은 본질적으로 완전한 신적 존재이다(NEB는 "이 말씀은 곧 하나님이시니라[What God was, the Word was]"고 번역한다). 서문의 끝부분에는 예수님에 대해 다시 한번 같은 맥락의 주장을 한다. "본래 하나님을 본 사람이 없으되 아버지 품속에 있는 독생하신 하나님이 나타내셨느니라"(1:18). 따라서 요한복음의 시작부터 요한은 예수 그리스도의 인격에 대한 자신의 관점을 제시하였던 것이다. 이러한 관점은 요한복음의 나머지 부분에서 점차 확대되고 반복되다가 20:28의 도마의 고백에서 절정에 이르게 된 것이다. 예수님의 신성에 관한 요한의 확신은 요한복음 2:1-11:44에 언급된 일곱 가지 표적(앞 장에서 다루었다)과 요한복음의 "나는 ?이다"라는 비서술적(nonpredicated)표현(8:24, 28, 58; 13:19; 아마도 18:5) 및 예수님과 성부의 신분과 관련된 여러 가지 표현에서 나타난다. 요한계시록 1:4,

8; 4:8; 11:17; 16:5의 ho ōn("him who is")이라는 표현 역시 예수님의 신성을 보여준다.

(2) 표적과 예수님의 신성

요한의 글에서 예수님의 인격에 관한 내용은 요한복음 2:11-11:44 의 일곱 표적에서 어느 정도 논의되었다. 각각의 표적은 예수님의 인격과 사역의 일면을 나타내지만, 모든 표적은 공통적으로 예수님께서 하늘로부터 오셨으며 신적 권위와 완전한 신성을 가지고 있음을 제시한다. 이것은 예수님 자신에 의해 요한복음 10:37-38에 표현된다. "만일 내가 내 아버지의 일을 행치 아니하거든 나를 믿지 말려니와 내가 행하거든 나를 믿지 아니할지라도 그 일은 믿으라 그러면 너희가 아버지께서 내 안에 계시고 내가 아버지 안에 있음을 깨달아 알리라." 표적 자체는 예수님이 누구신가에 대한 증거를 제공한다.

(3) "나는 ~이다"라는 표현과 예수님의 신성

이 표현은 요한복음에만 나타난다. 이것은 예수님에 의한 일인칭 언급으로서 예수님의 자기계시의 중요한 일면을 형성한다. 이 언급은 두 가지 면에서 중요하다. 첫째로, 이들 가운데 일부는 서술적(predicated) 은유(예를 들어, "나는 생명의 떡이니" [6:35])를 사용하여 예수님을 묘사한다. 둘째로, "나는 ~이다" 라는 표현은 구약성경에서 하나님 자신에 대한 묘사로 사용되었다(출 3:14; cf. 사 46:4). 요한복음에 나타난 "나는 ~이다" 라는 표현 가운데 일부(8:24, 28, 58; 13:19; 그리고 아마도 18:5)는 독립적(술어를 가지지 않는) 구문으로 사용되며, 출애굽기 3:14의 내용을 강하게 암시한다.

요한복음에는 예수님을 서술적으로 묘사하고 있는 일곱 개의 "나는 ~이다" 라는 표현이 있다. 예수님은 이러한 구문을 통해 자신을 생명의 떡(6:35), 세상의 빛(8:12), 문(10:7), 선한 목자(10:11), 부활이요 생명(11:25), 길, 진리, 생명(14:6), 포도나무(15:1)라고 말씀하신다. 이러한 은유들은 모두 예수님의 인격과 사역의 일면을 보여준다. 생명의 떡으로서 예수님은 생명의 제공자이자 그것을 유지하시는 분이시다. 세상의 빛으로서 예수님은 도덕적 빛을 주시는 분이시자, 태초에 계셨던 생명의 빛으로서(1:4) 어두움을 비추신다(1:5). 요한복음의 서문에 언급된 로고스(*Logos*)의 독립적 개념은 대부분 이어지는 "나는 ~이다"라는 표현에 의해 구체화 된다. 이들은 예수님이 누구시며, 무엇 때문에 오셨는지를 이해하는데 매우 중요하지만 그가 구약성경에 언급된 여호와의 이름과 동일함을 분명히 드러내지는 않는다.

그러나 독립적(비서술적) 구문으로 사용된 "나는 ~이다"라는 표현은 한 걸음 더 나아간다. 이들 가운데 네 개의 본문은 예수님이 하나님이심을 분명히 제시한다(8:24, 28, 58; 13:19). 이것을 가장 분명하게 제시하는 본문은 요한복음 8:58이다. "예수께서 가라사대 진실로 진실로 너희에게 이르노니 아브라함이 나기 전부터 내가 있느니라(I am)." 이것은 "네가 아직 오십도 못되었는데 아브라함을 보았느냐"(57절)라는 대적자들의 질문에 대한 답변이다. 예수님의 대답은 출애굽기 3:14을 분명하게 암시하며, 대적자들의 반응은 그들이 예수께서 신성을 주장하시는 것으로 이해했음을 보여준다. 그들은 예수님의 말씀이 참람하다고 생각하여 돌을 들어 치려하였던 것이다(59절).

"나는 ~이다"라는 구문과 관련된 다른 세 개의 비서술적 용례(8:24, 28; 13:19)는 8:58을 배경으로 하고 있음이 틀림없다. 이것을 단순히 "나는 그이다"(I am He)라고 해석할 수도 있으나, 본문의 의미는 분명히 그 이상의 의미를 지닌다. 8:24, 28에서 예수님은 자신이 누구신지에 대해 말씀하셨다. 그는 대적들에게 자신은 세상에 속한 것이 아니라 하늘로부터 왔으며, 만일 그들이 그가 주장하는 그분("I am")임을 믿지 않는다면 그들은 죄 가운데서 죽을 것이라고 말씀하셨던 것이다(24절). 본문은 구원과 죄사함을 위해 예수를 믿어야 할 절박한 당위성에 대해 말씀하고 있다. 예수님은 그가 "들리면"(십자가에서의 죽으심과 부활 및 승천) 모든 사람을 자기에게로 이끄실 것이라고 말씀하셨다(8:28; cf. 12:32). 그때가 되면 사람들은 비로소 그가 참으로 신적 이름("I am")에 합당하신 분이며 사람들을 아버지께로 이끄실 권세가 있음을 알게 될 것이다. 그러나 만일 그들이 믿지 않는다면, 위에 계신 아버지께로 갈 수 있는 다른 길은 없으며(cf. 14:6), 사람들은 영생의 선물과 그것을 주는 자로부터 분리되어 영원히 음부에 거하게 될 것이다.

마찬가지로 요한복음 13:19에서 예수님은 제자들에게 자신이 버림 당할 것을 미리 말씀하심으로, 그 때가 되면 그들의 믿음이 더욱 강해지기를 바랐던 것이다(2:11과 같이 제자들이 이미 믿음을 가지고 있었다는 사실은 앞에서 여러 번 언급하였다). 예수님의 말씀에서 그들이 믿어야 할 내용은 13:19의 마지막 부분에 제시된다. 그들은 "내가 그"(that I am[NIV는 "that I am He"])인 것을 믿어야 한다. 본문의 표현은 8:28과 마찬가지로 술어를 가지지 않는 독립적 구문임이 거의 틀림없다. 나중에(부활 후에) 제자들은 이 말씀을 회상하며 오직 하나님만이 그가 행하신 모든 상황에 부합될 수 있다는 결론을 내렸을 것이다.

하나님과의 동등하심을 주장하는 독립적 구문으로 보기에는 다소 무리가 있어 보이는 본문이 요한복음 18:5이다. 본문은 예수께서 단순히 자신이 가룟 유다와 군인들이 찾고 있던 그 사람이라고 말씀하신 것으로 볼 수 있다. 그러나 어떤 해석가들은 18:6의 반응에 근거하여 이 장면을 신현(theophany)과 관련시키기도 한다. 즉 본문에서 예수님은 그(자신)를 잡으러 온 대적들에게 일순간 자신이 실제로 누구신지를 보여주셨으며 이에 그들이 그의 발 앞에 엎드려졌다는 것이다. 이것은 5-6절에서 요한이 예수를 잡으러 온 자들이 그의 참람된 말에 놀라거나 두려워하여 뒤로 물러났다는 뜻으로 기록하였다고 해석할 수도 있을 것이다. 그러나 이미 예수께서 누구신지를 알고 있으며 하나님과 동등하심에 대한 그의 주장이 옳다는 것을 알고 있는 독자들에게는 이러한 대적들의 반응이 매우 아이러니하게 보일 수밖에 없다. 배신자 가룟 유다는 군병들이 예수님을 데려가 심문하고 십자가에 달기 전에 스스로 예수님의 발 앞에 엎드려졌던 것이다.

(4) 예수님과 하나님의 동등하심에 대한 언급

요한복음 10:30 및 17:22에 언급된 예수님과 성부 하나님이 하나라는 언급 역시 예수님의 신성을 보여준다. 어떤 해석가들은 본문에 언급된 예수님의 말씀은 단순히 의지나 행동 또는 목적이 동일함을 말한다고 주장한다. 그러나 요한복음의 전체적 틀 안에서 말씀은 본질적으로 하나님이시며(1:1), 20:28의 도마의 고백은 그 정점에 해당한다. 8:58에서 살펴본 대로 예수님은 신적 호칭을 통해 자신이 하나님과 동등됨을 암시하셨으며(cf. 출 3:14), 유대인 대적들은 이러한 그를 돌로 치려하였던 것이다. 유대인들은 "나와 아버지는 하나이니라"(요한복음 10:30)는 예수님의 말씀에 대해 동일한 반응을 보인다. 이것은 대적들이 예수님의 신성에 대한 주장을 참람하다고 생각했기 때문이다. 중요한 것은 예수님과 성부의 관계에 대한 10:30이나 17:22의 언급이 예수님의 신성을 제시하지만, 완전한 신분에 대해서는 언급하지 않고 있다는 점이다. 10:30의 "하나"라는 단어는 형태상 남성이라기보다 중성에 가깝다. 따라서 요한복음 서문(1:1b, "이 말씀이 하나님과 함께 계셨으니")과 같이 예수님과 성부 하나님을 구분하며 이러한 기조는 본서 전체를 통해 유지된다.

(5) 요한계시록에 나타난 예수님의 신성

요한계시록 1:4, 8; 4:8; 11:17; 16:5에 언급된 *ho ōn*("him who is")이라는 표현 역시 출애굽기 3:14을 암시하기 때문에 예수님의 신성을 보여준다. 요한계시록에는 세 개의 "나는 ~이다"라는 구문이 있으며(1:8; 21:6; 22:13), 이 구문 뒤에는 "알파와 오메가"라는 동일한 술어가 이어진다. 이들 가운데 첫 번째 것은 아마도 성부 하나님의 말씀임이 분명한 것으로 보인다(1:8). 반면에 마지막 말씀(22:13)은 승귀하신 예수님(22:16)의 말씀이다. 21:6은 정확히 구별하기 어려우나 성부의 말씀으로 보는 것이 적절할 것 같다. 어쨌든 1:8과 22:13의 두 화자(예수님과 성부)는 상호 대치가 가능하며, 이것은 예수님의 신성에 관한 명백한 사실제시가 된다.

5) 예수님의 인성
(1) 요한복음에 제시된 예수님의 인성

요한복음은 예수님을 하나님으로 묘사한다. 그러나 본서는 예수님의 인성에 대해서도 분명히 제시하고 있음을 간과해서는 안 된다. 요한복음 1:14은 "말씀이 육신이 되어 우리 가운데 거하시매"라고 확인하는 동시에 육신이 되신 말씀은 실재하며, 다른 아담의 후손과 동일한 인간으로 나셨음을 말해준다.

요한복음에는 예수님의 인성에 대한 다른 암시도 많다. 세례 요한의 제자들은 그를 랍비(1:38)로 생각하였으며, 니고데모(3:2)나 예수님의 제자들(9:2; 11:8)도 마찬가지였다. 요한은 예수님이 사마리아에 있는 수가에서 피곤(4:6)과 갈증(7절)을 느끼셨다고 말한다. 나사로의 무덤가에서 예수님은 슬퍼서 우셨다(11:33-35). 그는 예루살렘에 입성하신 후에는 민망함을 느끼셨다(12:27). 그는 종과 같이 제자들의 발을 씻기셨다(13:1-12).

따라서 요한복음이 예수님의 인성을 진실하고 실제적으로 묘사한 것은 분명하다. 요한서신 역시 이것을 확인하며, 보다 확대한다.

(2) 요한서신에 제시된 예수님의 인성
요한일서의 첫 절은 그들이 생명의 말씀에 대해 듣고 보고 만지기까지 하였다고 분명히 언급한다(요일 1:1-4). 이것은 예수가 그리스도이심(요일 2:22)과 그가 육체로 오심(요일 4:2-3; 요이 7절)을 부인하는 자들에 대한 정죄로 이어진다. 요한의 글을 연구하는 사람들은 이것을 일종의 가현설, 즉 예수님의 성육신을 부인하는 자들과 맞서 싸우는 것으로 이해한다. 이러한 대적들은 하늘의 그리스도와 인간 예수를 구별하며, 전자를 후자보다 선호한다. 이것은 심각하게 잘못된 기독론으로서 "적그리스도"란 이름까지 얻었던 것이다(요일 2:18, 22; 4:3; 요이 7절).

(3) 요한계시록에 제시된 예수님의 인성
요한계시록은 승천하여 영광을 받으신 그리스도에 대해 초점을 맞추기 때문에 예수님의 인성에 대해서는 특별히 강조하는 부분이 없다. 그럼에도 불구하고 예수님의 죽으심에 대한 두 언급(계 1:7, 18)은 간접적으로나마 그의 인성에 대해 암시한다.

(4) 예수님의 무죄하심

요한의 글이 예수님을 완전한 인간으로 묘사하고 있음에도 불구하고 그에게는 죄가 전혀 없으시다는 사실을 확인하고 있다는 것은 중요하다. 유대 지도자들과의 논쟁(요 8:31-59)에서 예수님은 "너희 중에 누가 나를 죄로 책잡겠느냐"(46절)고 물으셨다. 그러자 그들은 아무 대답이 없었다. 대신에 그들은 주제를 바꾸어 "우리가 너를 사마리아 사람이라 또는 귀신이 들렸다 하는 말이 옳지 아니하냐"(48절)라고 물었던 것이다. 예수님의 무죄하심에 대해서는 아버지와 하나이시라는 주장에서도 나타난다. 이러한 주장에는 당연히 죄성이 배제되어 있는 것이다(10:30; 17:22). 요한일서에도 동일한 강조가 있다. 예수 그리스도는 "의로우신"(요일 2:1) 분이며, 요한은 "그가 우리 죄를 없이 하려고 나타내신 바 된 것을 너희가 아나니 그에게는 죄가 없느니라"(3:5)고 분명히 언급한다.

6) 하나님의 아들로서 예수님

요한의 글에는 "하나님의 아들"(the Son of God)이란 표현이 상당히 많다. 요한복음 20:31은 본서의 목적이 "너희로 예수께서 하나님의 아들 그리스도이심을 믿게 하려 함이요 또 너희로 믿고 그 이름을 힘입어 생명을 얻게 하려 함"이라고 언급한다. 또한 이 호칭과 관련하여, 수식어 없이 단순히 "아들"(the Son)이라고만 언급된 곳도 많다. 특히 요한복음에는 예수께서 하나님을 직접 아버지라고 부르거나 아버지로 언급한 곳이 100여 군데 있다. 따라서 예수님에게 아들이라는 개념이 적용된 것은 요한복음의 중요한 주제 가운데 하나이다.

요한에게 있어 예수님은 특별한 의미에서 하나님의 아들이시다. 바울과 달리 요한은 하나님과의 관계에 있어서 성도들에게 *hyios*(아들)라는 헬라어 표현을 쓰지 않는다. 대신에 요한복음이나 서신에서 성도들은 "하나님의 자녀"라고 불린다(*tekna theou*, 요 1:12; 11:52; 요일 3:1-2, 10; 5:2). *hyios theou*라는 구문은 예수님과 성부와의 특별한 관계에만 사용된다. 이것은 요한복음 3:16, 18에서 강조되며 본문에서 예수님은 하나님의 "독생자"(one and only Son; [NIV] only begotten Son[NASB])로 불린다. 이러한 예수님과 아버지의 독특한 관계는 요한복음 전체를 통하여 유지된다.

(1) 요한복음에 제시된 하나님의 아들로서 예수님

첫째로, 요한은 예수님이 하나님의 아들로서, 성부에 의해 세상에 오셨음을 강조한다. 요한복음 3:17은 이것을 잘 보여주며("하나님이 그 아들을 세상에 보내신 것은 세상을 심판하려 하심이 아니요 저로 말미암아 세상이 구원을 받게 하려 하심"), 3:34; 5:36-38; 6:29, 57; 7:29; 8:42; 10:36; 11:42; 17:3, 8, 18, 21, 23, 25; 20:21에서 반복된다. 20:21에서 예수님은 제자들에게 "아버지께서 나를 보내신 것 같이 나도 너희를 보내노라"고 하셨다. 따라서 예수께서 성부로부터 받은 사명은 제자들이 이어받아 수행해야 했던 것이다. 예수님이 성부의 보내심을 받았다는 언급은 요한일서 4:9-10, 14에서도 발견된다.

둘째로, 아버지의 보내심을 받은 예수님은 또한 아버지께로 돌아가신다. 예수께서 수난 받으시기 전날 밤, 요한은 예수께서 그가 세상을 떠나 아버지께로 갈 때가 된 것을 아셨다고 말한다(13:1). 예수님의 고별 강화(14-17장)에는 그가 세상을 떠나 아버지께로 가신다는 말씀이 여러 번 언급된다. 예수님은 자신이 아버지께로 가기 때문에 제자들은 더 큰 능력을 행할 것이라고 약속하셨다(14:12). 그는 자신이 아버지께로 가는 것을 제자들이 기뻐할 것이라고 기대하셨다(28절). 예수님은 자신이 아버지께로 가심을 성령을 보내심(16:10)과 지상 사역의 완성(28절)과 연결하신다. 예수님은 부활 후 마리아에게 "내가 아직 아버지께로 올라가지 못하였노라"(20:17)고 말씀하셨다.

셋째로, 하나님의 아들로서 예수님은 요한에 의해 성부를 의지하는 자로 묘사한다. 이것은 요한복음 5:19에서 분명하게 제시하고 있다: "내가 진실로 진실로 너희에게 이르노니 아들이 아버지의 하시는 일을 보지 않고는 아무 것도 스스로 할 수 없나니 아버지께서 행하시는 그것을 아들도 그와 같이 행하느니라." 요한복음 5:30; 14:31 및 15:10에서도 동일한 내용을 발견할 수 있다. 이 주제와 관련된 것이 아들과 아버지가 하나라는 주장이다(10:30; 17:11; 14:11, 20).

　넷째로, 하나님의 아들로서 예수님은 아버지를 계시하시는 분이시다. 이 것은 요한복음 서문 마지막 절에 처음으로 언급한다. "본래 하나님을 본 사람이 없으되 아버지 품속에 있는 독생하신 하나님이 나타내셨느니라"(1:18). 서문에서 발견되는 다른 많은 주제들처럼 아버지를 계시하시는 분으로서 예수님의 역할은 요한복음 전체를 통해 거듭해서 언급하고 있다. 예수님은 아버지를 보았던 유일한 분이시다(6:46). "네 아버지가 어디 있느냐"라는 바리새인들의 질문을 받은 예수님은 "나를 알았더면 내 아버지도 알았으리라"(8:19)고 대답하셨다. 빌립의 질문에서도 이와 유사한 대답을 하셨다. 그가 "주여 아버지를 우리에게 보여 주옵소서"라고 하자 예수님은 "빌립아 내가 이렇게 오래 너희와 함께 있으되 네가 나를 알지 못하느냐 나를 본 자는 아버지를 보았거늘 어찌하여 아버지를 보이라 하느냐"(14:8-9)라고 대답하셨던 것이다. 그는 아버지를 계시하시는 분이시라는 말씀에 앞서 예수님은 자신이 아버지께로 가는 유일한 길임을 확인하셨다(14:6). 동일한 맥락에서 예수님은 "내가 내 아버지께 들은 것을 다 너희에게 알게 하였음이니라"(15:15)고 말씀하셨던 것이다. 예수님은 자신의 권세에 대해서는 함구하셨다. 그는 아버지가 자기에게 명령하셨다고 말씀하신다(12:49). 예수님은 제자들에게 "너희의 듣는 말은 내 말이 아니요 나를 보내신 아버지의 말씀이니라"(14:24)고 하셨다.

　다섯째로, 하나님의 아들로서 예수님은 아버지의 사랑의 대상이시다. 아들에 대한 아버지의 사랑은 그의 손에 만물을 안겨주셨다(3:35). 아버지는 아들을 사랑하시어 자기의 행하는 것을 모두 그에게 보여주셨다(5:20). 예수님은 목숨을 얻기 위하여 목숨을 버림으로 아버지께서 자기를 사랑하신다(10:17)고 말씀하신다. 아버지와 아들의 사랑의 관계는 시간과 영원을 넘어선다. 예수님은 아버지께서 창세전부터 그를 사랑하심으로 그에게 주신 영광을 제자들이 보게 해 달라고 기도하셨다(17:24). 아버지와 아들 사이의 이러한 사랑의 관계는 성도들에 대한 아버지의 사랑(17:23) 및 성도들 간의 사랑(13:34-35)의 전형이 되었다.

(2) 요한서신에 제시된 하나님의 아들로서 예수님

하나님의 아들로서 예수님의 역할에 대해 특별히 요한일서에서 강조하고 있다. 아들이라는 표현은 22번 언급된다. 정통 기독론을 주장하는 서신의 수신자와 잘못된 이단적 기독론을 주장하는 대적들 사이의 분쟁의 초점은 예수님이 하나님의 아들이시라는 것이다(요일 2:22-23; 3:23; 4:15; 5:5, 10, 12-13). 아들을 세상에 보내셨다는 사실은(요한복음에서와 같이) 요한일서 4:9-10, 14에서 강조된다. 아들이 아버지께로부터 받은 사명은 세상에 오셔서 마귀의 일을 멸하는 것이다(3:8). 요한서신의 서문은 성도들이 아버지와 그의 아들 예수 그리스도와 함께 사귐이 있다고 말한다(1:3). 하나님의 아들로서 예수님은 죄를 대속하신다(4:10, "화목제"). 아버지는 영생의 근원이신 아들에 대해 증거하신다(5:9-12). 요한서신의 목적은 5:13에서 발견된다. 그것은 하나님의 아들을 믿는 자로 하여금 영생의 확신을 가지게 하는 것이다. 요한일서 5:20은 하나님의 아들이 이르러 제자들에게 지각을 주셨으며 그들은 그의 아들 예수 그리스도 안에 있다고 언급한다.

(3) 요한계시록에 제시된 하나님의 아들로서 예수님

요한계시록에는 예수님에게 하나님의 아들이라는 호칭을 사용한 곳이 한 군데 있다. 이것은 두아디라 교회에 보낸 편지에서 발견된다(2:18). 그에 대한 묘사(그 눈이 불꽃같고 그 발이 빛난 주석과 같은 하나님의 아들)는 1:14-15에 제시된 승귀하신 예수님에 대한 환상을 암시한다.

7) 인자로서 예수님

(1) 요한복음에 제시된 인자로서 예수님

"인자"라는 호칭은 공관복음에 보다 두드러지게 나타나지만, 요한복음에서는 이 호칭이 중요한 구절에 나타난다(1:51; 3:13-14; 5:27; 6:27, 53, 62; 8:28; 9:35; 12:23, 34; 13:31). 이들 가운데 일부는 예수께서 자신을 가리켜 언급하신 "나" 또는 "나에게"라는 대명사와 동격으로 사용된다(예를 들어, 8:28["너희는 인자를 든 후에"]; 6:53 및 9:35도 참조하라). 이러한 용례는 공관복음에서도 발견된다. 다른 구절들(1:51; 3:13-14; 6:62)은 보다 간접적이며, 본문의 상황이 아니라면 예수님이 아닌 다른 사람에 대한 언급으로 이해될 수도 있다.

요한복음에서 "인자"라는 주제와 관련된 가장 중요한 내용은 인자의 내려오심과 올라가심에 관한 내용이다. 이것은 그의 선재하심과 승귀하심에 대해 보여준다. 이러한 예는 요한복음 1:51; 3:13 및 6:62 등에서 찾아볼 수 있다. 1:51에서 예수님은 인자 위에 오르락내리락하는 천사들에 대해 말씀하신다(예수님 자신이 오르락내리락하는 모습이 아니다). 대부분의 해석가들은 본문이 야곱의 사닥다리에 대한 암시라고 말한다: "사닥다리가 땅위에 섰는데 그 꼭대기가 하늘에 닿았고 또 본즉 하나님의 사자가 그 위에서 오르락내리락하고"(창 28:12). 이 구절의 마지막 두 단어("위에" [on it])는 "그의 위에"(on him, 즉 야곱)로 해석할 수 있다. 예수님 시대의 것으로 보이는 일부 후기 문서들(Genesis Rabbah 68:18; 69:7)에는 이러한 랍비적 주장이 기록되어 있다. 예수님은 야곱의 생애에 일어났던 사건을 암시하며, 하나님의 계시를 받은 자로서 자신과 야곱의 평행을 도출한다. 이렇게 함으로 예수님은 제자들에게 그가 참으로 하나님의 보내심을 받은 메시아이심을 받아들이게 했던 것이다. 더 이상 벧엘은 하나님의 계시의 장소가 아니며 야곱도 마찬가지이다. 예수께서 예루살렘 성전(2:19-22)과 사마리아의 그리심산(4:20-24)을 대치하듯, 이제 예수님 자신이 하나님의 계시의 "장소"이다. 제자들에 대한 약속은 요한복음의 나머지 부분, 특히 예수님의 죽음과 부활, 승천 및 승귀하심을 통해 하나님께로 돌아가심으로 성취된다.

예수님은 니고데모에게 "하늘에서 내려온 자 곧 인자 외에는 하늘에 올라간 자가 없느니라"(3:13)고 말씀하셨다. 이어지는 구절은 예수님께서 십자가의 죽으심과 부활 및 승귀를 통해 하늘로 돌아가실 것이라고 말한다("인자도 들려야 하리니"[14절]). 이것은 1:51의 주제를 더욱 전개한다. 신적 계시에 대한 주제("니고데모와 모든 믿는 신자에게" [3:14])와 예수님의 고난과 죽음 및 승귀가 인자라는 호칭에 다시 한번 연결된다.

또한 예수님은 그가 하늘로 올라가심에 대해 "너희가 인자의 이전 있던 곳으로 올라가는 것을 볼 것 같으면 어찌 하려느냐"(6:62)고 말씀하셨다. 본문은 분명히 예수님이 선재하심에 대해 언급하며 서문에 제시된 선재하시는 말씀(1:1-14)과 맥이 통한다. "인자"라는 호칭과 관련된 내려오심과 올라가심의 개념은 요한이 이해하고 있는 기독론의 핵심으로서 땅과 하늘을 연결한다(cf. 3:16). 이것은 요한의 성육신에 관해 제시한 내용에 반영된다("말씀이 육신이 되어", 1:14). 또한 하나님으로부터 와서 하나님께로 돌아간다는 예수님 자신의 의식을 반영한다(13:3). 요한복음 전체는 예수님의 내려오심(1:19)과 올라가심(13:1-21:23)에 관한 주제로 구성되어 있으며 예수님의 "때"가 이르렀음이 그 전환점(12:20-36)이 될 수 있다.

요한복음에서 예수님의 내려오심과 올라가심에 대한 주제와 인자의 관련성에 대한 강조는 인자의 영광에 관한 언급(12:23; 13:31)에서도 드러난다. 이 영광은 지상에서 시작하였으나 영원까지 계속된다. 이것은 예수님의 고난, 죽음, 부활, 승천 및 궁극적인 결과에 대한 요한의 독특한 묘사방식이다. 예수께서 영광을 얻으실 시기는 십자가에서 죽으심과 관련된다. 요한에게 십자가의 영광은 수치와 굴욕을 무색하게 했기 때문이다. 그러나 요한이 생각하는 예수님의 영광은 인자에 관한 말씀을 넘어선다. 이러한 내용은 서문에서도 발견되며("우리가 그의 영광을 보니[1:14]) 다른 본문에서도 반복된다(예를 들어, 2:11; 7:18; 8:50; 11:4; 12:41; 17:1-5, 22, 24).

이와 동일한 관점에서 제시되는 것이 인자의 들림에 관한 언급이다(3:14; 8:28; 12:32-34). "들리다"는 표현은 예수님의 십자가 사건에 관한 언급이다. 그 이유는 12:33의 설명에서 찾아볼 수 있다: "이렇게 말씀하심은 자기가 어떠한 죽음으로 죽을 것을 보이심이러라." 이것은 모세가 뱀을 든 사건과의 비교(3:14) 및 예수께서 유대 대적들에게 그들이 인자를 들 것이라는 언급(8:28)에 이어진다. 그러나 이것은 12:31이 제시하는 것처럼 예수님의 십자가 사건 이상의 의미가 있다. 인자의 영광에는 십자가뿐만 아니라 그의 부활과 승천 및 "이전에 있던 곳으로" 승귀하심(6:62)이 포함된다.

요한복음의 다른 본문들은 인자의 권위를 드러낸다. 그는 영생을 주시며 (3:14-15; 6:27) 심판을 행하신다(5:25-27). 이것은 하나님의 특권에 해당하는 것으로서 인자가 단순한 인간이 아니라 신이라는 사실을 보여준다.

(2) 요한계시록의 인자로서 예수님
요한계시록에는 "인자"라는 구절이 두 번 나타난다(1:13; 14:14). 두 본문은 서로 유사한 용례로 사용되었지만 요한복음에서 호칭으로 사용된 구절과는 다르다. 대신에 승귀하신 예수님은 "인자 같은 이"(1:13)로 표현된다. 이것은 다니엘 7:13의 환상에 대한 암시이다. 이 표현은 호칭이라기보다 환상에 나타난 인물에 대한 언급이라고 할 수 있다.

결론적으로, 요한의 글에서 예수께서 자신을 "인자"라고 부르신 것에는 다니엘 7:13의 환상에 대한 암시가 포함된다. 뿐만 아니라 여기에는 아들의 선재하심과 그의 기원이 하늘로부터 시작되었다는 것, 그리고 그의 죽음, 부활, 승천, 승귀를 통해 영광을 받으시고 성부께로 돌아가심이 포함된다. 이 호칭은 또한 영생을 주시고 심판을 행하시는 아들의 권세와도 연결된다.

8) 메시아로서 예수님
사복음서 가운데 요한복음만이 메시아(*Messias*)라는 히브리어 및 아람어 형태의 단어를 번역하여 제시하며(1:41; 4:25), 동시에 그리스도(*Christos*)라는 헬라어 단어도 사용한다. 그리스도라는 단어는 본서에 17번 나오며, 예수 그리스도라는 복합어로는 두 번 나온다. 예수님의 메시아 되심은 요한복음에서 거듭 반복된다. 세례 요한은 자신이 그리스도가 아니라고 주장하였다 (1:20; 3:28). 제자들은 예수님을 메시아라고 고백하였으며(1:41), 예수님의 메시아 되심은 유대 지도자들(7:52)과 백성들(7:25-31, 40-43; 12:34) 및 사마리아 사람들(4:29-30) 사이에서 논쟁이 되었다.

(1) 요한복음에 제시된 메시아로서 예수님

요한복음에 제시된 예수님의 메시아 되심은 공관복음이 말하는 메시아와는 다소 차이가 있다. 요한복음에서 메시아라는 호칭이 분명히 예수님께 적용된 두 경우는 모두 앞부분에 제시된다(1:41; 4:25). 첫 번째 제자들은 예수님을 만나자마자 그가 메시아라는 사실을 인식하였다. 반면에 공관복음에는 베드로가 가이사랴 빌립보에서 고백할 때까지는 이러한 내용이 전혀 언급되지 않는다(마 16:16). 이 점에서 요한복음의 역사성에 대해 의심하는 사람도 있으나 요한의 글이 결코 공관복음과 배치되지 않음을 보여주는 설명이 있다. 요한복음 1:41에서 안드레는 그의 형제 베드로에게 "우리가 메시아를 만났다"고 하였다. 이어서 빌립은 나다나엘에게 "모세가 율법에 기록하였고 여러 선지자가 기록한 그이를 우리가 만났으니 요셉의 아들 나사렛 예수니라"(1:45)고 하였다. 이것은 예수님의 제자들이 처음에는 구약성경적 의미와 달리 정치적 의미로서 메시아를 이해하였음을 보여준다. 본문에는 이러한 제자들의 관점이 첫인상에 지나지 않음을 보여준다. 예수님이 참으로 누구시며 그것이 무엇을 의미하는지에 대해서는 시간이 지나면서 점차 깊은 통찰력을 지니게 되었으며 결국 공관복음에 기록된 베드로의 고백으로 나타났던 것이다. 요한은 단순히 그들의 첫인상에 대해 기록하였을 뿐이며 공관복음은 그 내용을 생략했던 것이다. 요한복음 4:25에서 사마리아 여인이 언급한 "메시아"는 일반적 의미로 사용되었다. 이것은 그녀가 오실 자의 정확한 사명에 대해 알지 못하였다("그가 오시면 모든 것을 우리에게 고하시리이다")는 사실에서 찾아볼 수 있다. 어쨌든 사마리아인들에게 있어서 "메시아"라는 호칭은 유대인들이 오해하고 있었던 정치적 의미와는 달랐던 것으로 보인다.

요한은 복음서 두 곳에서 당시의 유대인들이 기대하던 메시아적 개념에 대한 정보를 제공한다. 어떤 사람들은 그가 알 수 없는 곳으로부터 갑자기 나타날 것이라고 믿었으며(7:27) 어떤 사람들은 그가 기적적인 표적을 행할 것이라고 믿었다(31절). 다른 사람들은 율법서로부터 메시아가 오시면 영원히 계실 것이라고 믿었다(12:34). 요한은 분명히 이러한 잘못된 통찰력을 통해 예수님이 일반 백성들이 기대하던 메시아가 아님을 보여준다. 따라서 그들이 예수님을 거절했다는 사실은 놀라운 일이 아니다(cf. 1:11-12). 메시아가 비밀스러운 장소에서 오실 것이라는 믿음은 자신의 출신지(나사렛)가 알려져 있는 예수님을 그 대상에서 배제시켰던 것이다. 메시아가 영원히 계실 것이라는 믿음 역시 자신의 떠날 것(즉 십자가에서의 죽음)에 대해 말씀하신 예수님을 메시아의 대상에서 제외시켰을 것이다. 요한은 두 개의 대화를 통해 예수님이 참으로 메시아라는 사실과 지금까지 사람들의 기대가 잘못되었음을 보여준다. 7:29에서 예수님은 기원에 관한 질문에 대해 자신이 하늘로부터 왔다고 대답하셨다. 하늘은 알려지지 않은 장소이다. 12:35-36에서 예수님은 메시아의 고난과 죽음을 이해하기 위해서는 영적 계시의 빛(그는 이 빛을 스스로 제공하신다)이 필요함을 말씀하신다.

메시아라는 호칭은 마르다의 고백(요 11:27)에서도 발견된다. 본문은 하나님의 아들이라는 호칭과 연결된다("주여 그러하외다 주는 그리스도시요 세상에 오시는 하나님의 아들이신 줄 내가 믿나이다"). 11:27에는 두 개의 호칭("그리스도"와 "하나님의 아들")이 서로 연결되어 있으며 마르다는 예수님이 하늘로부터 오심에 대해 언급하고 있기 때문에, 본문에는 정치적 개념이 분명히 배제된다는 사실을 다시 한번 보여준다. 마찬가지로 예수께서 오천 명을 먹이신 후(6:15) 그를 임금으로 삼으려는 시도를 물리치셨다는 내용 역시 정치적 의미를 배제하고 있다.

메시아라는 호칭은 요한복음 20:31에서도 발견된다. 본문은 대부분의 해석가들에 의해 복음서의 기록목적을 제시한 중요한 구절로 인식되고 있다. 11:27과 마찬가지로 이 호칭은 다시 한번 하나님의 아들이라는 호칭과 연결된다("오직 이것을 기록함은 너희로 예수께서 하나님의 아들 그리스도이심을 믿게 하려 함이요 또 너희로 믿고 그 이름을 힘입어 생명을 얻게 하려 함이니라"). 요한복음에는 하나님의 아들로서 예수님에 대해 보다 많은 초점이 맞추어지지만 그의 메시아 되심 역시 중요하게 다루어진다. 따라서 우리는 요한복음을 통해 예수님이 1세기 유대 백성들이 기대하는 정치적 의미에서가 아닌, 하나님의 아들로서 구약성경이 말하는 메시아이심을 알 수 있다.

(2) 요한서신에 제시된 메시아로서 예수님

요한서신에서도 메시아라는 용어는 예수님과 관련하여 사용된다. "예수 그리스도"라는 복합적 표현은 요한일서 1:3; 2:1; 3:23; 4:2; 5:6, 20 및 요한이서 7절 등에서 발견된다. 메시아로서 예수님의 역할을 이해하는 데 중요한 구절은 요한일서 2:22 및 4:3이다(요이 7절도 참조하라). 본문에서 요한의 대적들은 예수님이 메시아이심을 부인한다. 앞에서 언급한 대로 많은 해석가들은 본문에서 초기 형태의 가현설을 발견한다. 즉 예수님의 인성을 하늘로부터의 그리스도와 구별하고 전자는 무시한 채 후자를 믿는 신앙을 주장한다. 요한은 이러한 관점을 정상적인 기독론으로 받아들일 수 없을 뿐만 아니라 그것이 적그리스도의 증거라고 강조했던 것이다(요일 4:3). 이것은 예수님을 메시아로 받아들이는 기독교 신앙의 기본적 사상이다(5:1).

(3) 요한계시록에 제시된 메시아로서 예수님

요한계시록에는 메시아라는 용어에 대한 언급이 세 번밖에 나타나지 않는다(계 1:1-2, 5). 이들은 모두 예수라는 이름과 연결되어 있으며 요한서신에 언급된 "예수 그리스도"라는 복합적 형태와 유사한 호칭으로 사용된다.

(4) 메시아와 이스라엘의 왕

요한이 기록한 성경 가운데 예수님을 메시아로 묘사한 내용과 가장 유사한 호칭이 "이스라엘의 왕"(King of Israel)이다. 이 표현은 요한복음 1:49 및 12:13에 언급된다. 1:49에서 나다나엘은 예수님을 하나님의 아들이며 이스라엘의 임금이라고 외쳤다. 12:13은 무리가 예수님의 승리의 입성에 대해 "호산나 찬송하리로다 주의 이름으로 오시는 이 곧 이스라엘의 왕이시여"라고 외쳤다고 기록한다. 요한은 본문에 이어 즉시 스가랴 9:9을 인용한다. 마태는 예수께서 다윗의 왕권을 가지고 오심과 관련하여 동일한 스가랴의 예언을 본문에 인용하였다(마 21:4-9). 그러므로 요한에게 있어서 "이스라엘의 왕"이라는 호칭은 다윗의 왕권에 대한 개념을 수반하며 예수님은 다윗의 왕권의 상속자이며 계승자로 이해되어야 함을 보여주고 있음이 분명하다. 이것은 무리가 예수님의 기원과 관련하여 "그리스도가 어찌 갈릴리에서 나오겠느냐 성경에 이르기를 그리스도는 다윗의 씨로 또 다윗의 살던 촌 베들레헴에서 나오리라 하지 아니하였느냐"(요 7:41-42)라고 언급한 것을 통해서도 간접적으로 확인할 수 있다. 요한은 이 질문을 통해 예수님의 참된 기원에 대한 그들의 무지를 드러내고 있다. 복음서의 독자들은 이미 예수께서 베들레헴으로부터 나신 것(그 이전에는 하늘로부터 오셨다)을 알고 있기 때문에 이러한 무지는 아이러니 한 것이 아닐 수 없다. 이 질문 자체는 대중적 무지를 드러내지만 동시에 독자들은 공관복음에서 제시하는 대로 예수님이 베들레헴에서 나신 것과 그가 다윗의 후손으로 오신 분임을 알고 있다는 것을 보여준다.

9) 로고스(Logos)로서 예수님

요한복음에서 로고스라는 헬라어는 일반적인 의미로 여러 번 제시된다(예를 들면, 요한복음 4:39, 50; 6:60; 7:36; 15:20; 18:9; 19:8에 언급된 "말" 또는 "말씀"; 요한복음 10:35의 하나님의 "말씀"; 요한복음 17:14의 그리스도를 통해 계시된 하나님의 "말씀"). 그러나 요한복음에서 로고스와 관련된 가장 중요한 용법은 서문에 제시되어 있다("태초에 말씀이 계시니라" [1:1], "말씀이 육신이 되어" [1:14]). 본문에 언급된 용어는 예수님 자신에 대한 전문적인 용어로 사용되었으며, 이 두 절에 사용된 로고스의 배경이나 용법을 이해하기 위해서는 보다 많은 학문적 노력이 필요하다.

요한이 언급한 로고스라는 용어가 유대나 헬라적 배경 또는 다른 어떤 근거에서 나온 것인지는 확실히 증명된 바 없다. 또한 요한이 이 용어를 통해 정확히 무엇을 전달하려고 했는지를 파악하는 일도 쉽지 않다. 이들이 말하려는 정확한 암시나 의미를 밝혀내는 일은 독자들의 몫이다. 요한은 구약성경적 배경 하에서 성경을 기록하였으나 한편으로는 헬라 사상에 젖어 있는 독자들을 위해 그것을 기록하였으며, 로고스는 두 가지 배경 모두와 관련된 것으로 보인다. 두 배경은 요한이 1:1, 14에 사용된 호칭을 이해하는 데 중요하다.

(1) 헬라적 배경

그리스의 철학 용어로서 로고스는 "세상의 영혼"(world-soul), 즉 우주의 영혼에 대한 언급이다. 이것은 우주의 보편적, 합리적 원리이며 창조적 동력이다. 한편으로 모든 만물은 그것으로부터 온다. 또 한편으로 사람들은 그것으로부터 지혜를 얻는다. 이러한 개념은 적어도 주전 6세기의 헬라 철학자 헤라클리투스(Heraclitus) 시대로 거슬러 올라간다. 그는 로고스가 "항상 존재하며 모든 만물은 이 로고스로 말미암았다"고 기록하였다.[14] 그 후 헬라 사상에서 이 개념은 다소 변형된 형태로 계속 유지되었다. 1세기 초 유대 철학자 알렉산드리아의 필로(Philo of Alexandria)는 로고스라는 단어를 자주 사용하였으나(그의 글에는 이 단어가 1,400회 이상 등장한다), 물질세계와 이상적인 천상의 세계에 대한 플라톤적 구별에 관심을 가졌다. 또 하나의 헬라 철학자 그룹인 스토아학파는 로고스의 개념을 발전시켰다. 그들은 플라톤의 천상적 원형론을 버리고, 우주는 영원한 이성인 로고스로 가득하다는 헤라클리투스적 사상을 선호하였다. 스토아학파는 우주의 궁극적 이성을 확신하고 로고스라는 용어를 통해 이러한 확신을 나타내었다. 그들에게 이것은 만유를 끌어내고 관통하며 통제하는 "힘"이었다. 그것은 우주를 지배하는 절대적 원리이다. 그러나 스토아학파는 로고스를 인격체로 생각하거나 하나님(즉 경배의 대상)을 이해하듯이 접근하려고 하지는 않았다. 사실 그들은 하나의 로고스를 생각한 것이 아니라 "배자 상태의 이성들"(*logoi spermatikoi*)이라는 복수적 의미로 생각하였다. 이것은 자연에 있어서 창조적 주기를 책임지는 힘이다. 나중에 스토아학파는 로고스에 대해 범신론적 의미에서 "세상의 영혼"이라고 생각하였다.

따라서 요한은 이미 헬라 세계에서 널리 인식된 용어를 사용하였던 것이다. 그러나 일반인들은 이 용어의 정확한 의미를 몰랐으며, 이것은 오늘날 우리가 "상관성"이나 "시공 연속체(4차원)"와 같은 단어의 정확한 개념을 모르는 것과 마찬가지이다. 그러나 이것은 매우 중요한 의미를 지닌다.

---

14) Heraclitus, *Fragmenta*, 1, 50, 54, 114.

(2) 유대적 배경

최근 요한이 그의 복음서 서문에 언급한 로고스의 개념의 유대적 배경에 대한 관심이 높아지고 있다. 먼저, 구약성경과의 관련성을 고려해 볼 필요가 있다. 즉 요한복음 1:1("태초에 말씀이 계시니라")은 창세기 1:1과 연관된다는 것이다. 그러나 요한복음 1:1은 창세기 1:3("하나님이 가라사대") 및 시편 33:6("여호와의 말씀으로 하늘이 지음이 되었으며")과도 관련된다. 또한 잠언 8:22-31의 인격화된 지혜와도 가깝다. 탈굼(구약성경의 아람어역, 초기에는 구전, 후기에는 기록됨)은 여러 곳에서 "말씀"(*Memra*)을 하나님의 매개물로 대치한다. 즉 출애굽기 19:17("모세가 하나님을 맞으려고 백성을 거느리고 진에서 나오매")에 대해 팔레스타인 탈굼은 "하나님의 말씀을 맞으려고"로 번역한다. 요나단 탈굼(Targum Jonathan)은 이 표현을 320회 정도 사용한다. 이에 대해 "*Memra*"가 하나님과 분리된 존재에 대한 언급이 아니기 때문에 큰 의미가 없다고 주장하는 사람도 있다. 그것은 하나님 자신에 대한 언급일 뿐이라는 것이다. 그러나 문제는 탈굼에 정통한 사람들이 "*Memra*"를 하나님에 대한 묘사로 보고 있다는 것이다. 요한은 탈굼이 "*Memra*"를 사용하듯이 로고스를 사용한 것은 아니다. 그러나 탈굼에 익숙한 사람들에게는 유사한 이미지를 줄 수도 있을 것이며, 요한도 그렇게 생각했을 것이다.[15]

(3) 요한복음 서문에서의 용법

왜 요한은 복음서 서문에서 예수님을 로고스라고 불렀으며 그 의미는 무엇인가? 이 용어를 사용한 이유는 아마도 요한의 독자들에게 있는 듯하다. 요한은 로고스에 대해 특별한 설명을 하지 않는데 이것은 독자들이 그 개념을 알고 있다고 생각했기 때문이었을 것이다. 헬라 독자들은 그가 우주를 인도하는 이성적 원리에 대해 언급하고 있다고 생각했을 것이며, 따라서 그것이 인격화되고 성육신했다는 사실에 놀랐을 것이다(요 1:14). 유대 독자들은 일종의 인격화된 선재적(preexistent) 지혜에 대해 익숙해 있었겠지만 성육신

---

15) M. McNamara, "Logos of the Fourth Gospel and *Memra* of the Palestinian Targum, Ex. 12:42," *Expository Times* 79 (1967-1968): 115-17을 참조하라.

개념에 대해서는 동일하게 놀랐을 것이다. 요한복음 1:14 이후 요한은 절대적이고 구체적이며 독립적인 용어로서 로고스를 한번도 사용하지 않는다. 그 후 이 헬라어 단어는 항상 수식어가 붙거나 본문에 따라 의미가 결정되었으며 다시는 예수님을 로고스로 언급하지 않는다. 1:14에서 이미 말씀이 나사렛 예수로 성육신 하셨기 때문에 이에 관한 더 이상의 언급은 필요치 않으며, 이제 예수라는 이름으로 불리게 된 것이다. 다시 말하면 예수님과 로고스는 동일하며, 로고스는 그리스도의 선재적 존재라고 할 수 있다.

요한의 로고스 기독론에는 세 가지의 주요 강조점이 제시된다. 첫째로, 요한복음 1:1은 말씀과 하나님과의 관계를 제시한다. "태초에 말씀이 계시니라"(1:1a)는 선재하심에 대한 분명한 언급이다. "이 말씀이 하나님과 함께 계셨으니"(1:1b)는 하나님(성부)과 말씀을 구별하는 한편 둘 사이에는 상호 대치가 불가하나 인격적 관계가 있음을 보여준다. 요한복음은 "이 말씀은 곧 하나님이시니라"(1:1c)는 말씀의 완전한 신성과 함께 하나님에 대한 말씀의 관계를 보여준다.

둘째로, 1:3은 말씀과 창조의 관계에 대해 제시한다: "만물이 그로 말미암아 지은바 되었으니 지은 것이 하나도 그가 없이는 된 것이 없느니라." 로고스는 창조의 대행자이기 때문에 그것과 분리된다.

셋째로, 1:14은 말씀과 인간의 관계에 대해 보여준다: "말씀이 육신이 되어 우리 가운데 거하시매." 이것은 성육신에 관한 언급이다. "육신"은 바울이 말하는 "죄 있는 육신"과는 다르다. 요한이 제시하는 예수님은 죄와 양립할 수 없기 때문이다(요 10:30; 17:22; 요일 2:1; 3:5). 오히려 본문은 낮아지신 예수님의 인성에 관한 언급으로 볼 수 있다. 따라서 요한복음 서문의 로고스라는 용어는 예수님의 완전한 신성(1:1)과 완전한 인성(1:14)을 보여준다.

(4) 요한서신 및 요한계시록의 언급

로고스라는 호칭은 요한일서 1:1에도 유사한 의미로 제시된다. 특히 예수님은 생명의 말씀(로고스)으로 불린다. 이것은 요한복음 서문(요 1:4, 9)에서처럼 영생의 수여자로서의 역할을 강조한다. 요한일서 1:1 역시 성육신을 언급하며, 말씀을 듣고 보고 손으로 만져본 증인들을 강조함으로 그것을 역사적 틀 안으로 가져온다.

요한계시록에는 로고스라는 단어가 한번 언급되며 요한복음의 서문에서와 동일한 의미로 사용된다. 요한계시록 19:13에서 예수 그리스도는 하나님의 로고스(말씀)로 불린다. 이것은 요한복음과 요한계시록의 밀접한 관계 및 동일 저작에 대한 하나의 증거를 보여준다.

10) 하나님의 어린 양으로서 예수님

요한복음과 요한계시록에서 예수님께 적용된 호칭 가운데 하나는 "어린 양"(the Lamb, 요 1:29, 36; 계 5:6, 8, 12-13; 6:1, 16; 7:9-10, 14, 17; 12:11; 13:8; 14:1, 4, 10; 15:3; 17:14; 19:7, 9; 21:9, 14, 22-23, 27; 22:1, 3)이다. 그러나 두 책에 사용된 헬라어 단어는 다르다. 요한복음에는 *amnos*라는 단어가 사용된 반면 요한계시록에는 *arnion*이 사용되었다. 이미지는 분명히 관계가 있지만 동일한 것은 아니다.

(1) 요한복음에 나타난 하나님의 어린 양

예수님은 요한복음에서 세례 요한에 의해 두 번 "하나님의 어린 양"이라고 불렸다(요 1:29, 36). 첫 번째는 "세상 죄를 지고 가는"(1:29) 어린 양이다. 이 호칭은 예수께서 세례 요한을 통해 세례를 받은 사건(32-34절에 간접적으로 언급) 및 공생애의 시작과 연결되기 때문에 예수님의 사역과 관련하여 중요한 의미를 가진다. 죄를 지고 간다는 것은 그의 사역이 주로 구속과 관련됨을 보여주며 이것은 요한복음의 다른 언급과도 일치한다: "하나님이 그 아들을 세상에 보내신 것은 세상을 심판하려 하심이 아니요 저로 말미암아 세상이 구원을 받게 하려 하심이라"(3:17). "이제 우리가 믿는 것은 네 말을 인함이 아니니 이는 우리가 친히 듣고 그가 참으로 세상의 구주신 줄 앎이니라"(4:42).

요한복음에서 어린양의 이미지는 구약성경 본문 두 곳과 연결된다. 하나는 이사야 53:7에 언급된 "고난의 종"(Suffering Servant)이다: "마치 도수장으로 끌려가는 어린 양과 털 깎는 자 앞에 잠잠한 양같이 그 입을 열지 아니하였도다."16) 종의 노래는 모두 이사야 40-55장에 나타난다. 세례 요한은 "하나님의 어린 양"과 관련된 동일한 본문에서 이 부분(40:3)을 인용하였다(요 1:23). 요한복음 뒷부분에도 예수님은 고난의 종으로 언급된다. 요한복음 12:38은 이사야 53:1을 인용한다. 이것은 세례 요한이 요한복음 1:29, 36에서 예수님을 "하나님의 어린양"이라는 호칭으로 언급한 배경이 바로 고난의 종이라는 사실을 보여준다.

요한복음의 어린 양 이미지와 관련된 또 하나의 구약성경적 암시는 유월절 어린 양이다. 요한복음에는 특히 예수님의 죽음과 관련하여 유월절의 상징이 분명히 제시된다. 요한복음 19:14에 따르면 예수님은 유월절의 예비일 정오, 예루살렘 성전에서 제사장들이 유월절 양을 잡으려는 바로 그 시간에 재판을 받았다. 더구나 신 포도주를 머금은 해융을 매단 우슬초가 십자가에 달리신 예수님에게 주어졌다(요 19:29). 이 우슬초는 유월절 양의 피를 문설주에 바르기 위해 사용되었다(출 12:22). 요한복음 19:36은 예수님의 뼈가 하나도 꺾이지 않았다는 것은 구약성경의 성취임을 보여준다. 출애굽기 12:46은 유월절 양의 뼈를 꺾지 말라고 명한다. 확실히 구약성경은 유월절 양을 하나님의 구원에 대한 하나의 상징으로 보았으며 그 자체를 희생으로 여기지는 않았다. 그럼에도 불구하고 예수님 당시 유월절 양에 대한 희생적 이미지는 구원에 대한 상징과 혼합되어 있었다(cf. 고전 5:7, "우리의 유월절 양 곧 그리스도께서 희생이 되셨느니라"). 따라서 유월절 양의 이미지는 예수님의 희생적 죽음에 적용된다.

이러한 두 가지 이미지, 즉 이사야 53:7의 고난의 종과 출애굽기 12:46 및 다른 여러 본문에 나타난 유월절 양의 이미지는 세례 요한이 예수님을

---

16) 70인역(헬라어역 구약성경)의 이사야 53:7에 사용된 "어린양"은 요한복음 1:29, 36의 언급(*amnos*)과 동일하다.

"세상 죄를 지고 가는 하나님의 어린 양"(요 1:29)이라고 언급한 배경이 된다. 두 이미지 가운데 유월절 양의 이미지가 다소 더 강조되고 있는데 그것은 나중에 요한이 이 이미지를 예수님의 십자가와 연결하기 때문이다.

(2) 요한계시록에 제시된 양 이미지

요한계시록에서 예수님이 "양"(the Lamb)으로 불리신 것은 모두 27번이다(5:6, 8, 12-13; 6:1, 16; 7:9-10, 14, 17; 12:11; 13:8; 14:1, 4[2회], 10; 15:3. 17:14; 19:7, 9; 21:9, 14, 22-23, 27; 22:1, 3). 본문에 사용된 단어는 모두 *arnion*이라는 헬라어이다. 1세기 당시의 다른 유대 묵시 문학에는 세상의 악을 멸하실 승리의 양에 대한 언급이 들어 있다. 12족장의 증거[the Testaments of the Twelve Patriarchs] 가운데 하나인 요셉의 증거[the The Testament of Joseph] 19:8에는 악한 짐승을 물리치고 그들을 짓밟게 될 한 양에 대한 언급이 나온다.17) 에녹 1서[First Enoch] 90:6-12에는 마카비인들을 뿔 달린 양으로 묘사한 내용이 언급되어 있다. 이러한 이미지 가운데 요한계시록에서 요한이 예수님의 호칭으로 사용한 "양"의 이미지를 이해하는 데 도움이 될 만한 것은 없다. 그러나 요한은 자신이 사용하고 있는 묵시 용어가 그런 뜻으로 이해될 수 있다는 것을 알고 있었을 가능성은 있다.

그러나 보다 중요한 것은 요한복음에서 "하나님의 어린 양"과 관련하여 이미 논의한 바 있는 구약성경적 배경이다. 이사야 53:7에 나타난 고난의 종과 출애굽기 12:46 및 다른 여러 본문에 나타난 유월 양이라는 두 가지 이미지는 요한계시록에 언급된 양의 이미지에 대해서도 동일한 배경을 형성한다. 그러나 여기에는 한 가지 중요한 차이점이 존재한다. 요한계시록 5:6에 언급된 양은 이미 제물이 되었으며 지금은 "보좌의 가운데 서 계신다." 양을 잡아 죽이는 제사는 이미 끝났으며, 이제 그는 영광 가운데서 승리의 주로서 모든 대적들을 멸하신다. 요한은 이러한 이미지를 통해 신약성경 전체의 핵심 주제 가운데 하나인 희생을 통한 승리를 제시한다. 실제로 요한계시록에는 양에 관한 내용이 언급될 때마다 그는 언제나 승리한다. 예를 들어,

---

17) 후대의 한 그리스도인이 유대 문헌에 덧붙인 내용일 가능성도 있다.

5:6의 양은 앞 절에서 "승리하신" "유다지파의 사자"로 언급된다. 이러한 이미지는 요한계시록의 승리하신 그리스도를 요한복음의 희생 제물과 연결하는 중요한 역할을 한다. 그는 유일한 분이시며, 비록 요한계시록에서 승리의 주로 나오지만 여전히 희생의 흔적을 지니고 계신다("죽임을 당한 것 같더라"[계 5:6]).

5. 요한복음에 제시된 예수님의 영광

요한복음에서 예수님의 영광은 그의 죽으심과 부활, 승천 및 승귀하심 전체와 관련된다. 이러한 점은 요한복음 7:39과 같은 설명적 본문에서 잘 드러난다: "예수께서 아직 영광을 받지 못하신 고로 성령이 아직 저희에게 계시지 아니하시더라." 본문의 "영광"은 예수님의 죽음과 부활 및 아버지께로 돌아감을 전제한다.[18] 예수님의 죽음과 부활 및 아버지께로 돌아감과 관련된 "영광"은 요한복음 12:16에 제시된다: "제자들은... 예수께서 영광을 얻으신 후에야 이것이 예수께 대하여 기록된 것임과 사람들이 예수께 이같이 한 것인 줄 생각났더라."

예수님의 죽음과 부활, 승천 및 승귀에 대한 이러한 이해의 배경에는 요한이 요한복음에서 "영광"(doxa)이라는 단어를 사용한 방식에서 발견된다. 이 단어는 요한복음 1:14에 처음 언급된다. 본문에서 저자는 성육신하신 말씀에 대해 다음과 같이 증거한다: "우리가 그 영광을 보니 아버지의 독생자의 영광이요 은혜와 진리가 충만하더라." 요한복음에서 예수님은 하나님의 존재와 속성에 대한 완전한 계시로 제시된다(예를 들어, 요 1:18). 이와 같이 예수님을 통한 하나님의 자기계시는 예수님의 지상에서의 삶의 방식에서뿐만 아니라 그가 수행하신 표적들을 통해 드러난다(2:11; 11:4, 40). 요한은 가나의 혼인 잔치에서 물을 포도주로 변하게 하신 기적에 이어 설명적으로

---

18) 예수님은 고별 설교에서 제자들에게 자신이 가지 않으면 성령이 오시지 않을 것이라고 언급했다(요 16:7, 죽음을 통한 출발에 대한 언급).

언급한다. "예수께서 이 처음 표적을 갈릴리 가나에서 행하여 그 영광을 나타내시매 제자들이 그를 믿으니라"(2:11). 그러나 예수님의 영광은 그의 성육신이나 공생애와 함께 시작된 것이 아니다. 요한에게 있어서 이러한 영광은 영원 전부터 성육신하시기 이전의 그리스도께서 누려왔던 것이다. 요한복음 17장의 기도에서 예수님은 성육신하시기 전에 누렸던 영광에 대해 다음과 같이 언급하신다: "아버지여 창세전에 내가 아버지와 함께 가졌던 영화로써 지금도 아버지와 함께 나를 영화롭게 하옵소서"(17:5). 요한은 선지자 이사야도 이 영광에 대해 구약성경(사 6:1-3)에서 언급하였다고 말한다(요 12:41).

우리는 이러한 배경을 전제로 할 때만이 예수님의 죽음과 부활, 승천 및 영광을 받으심에 대해 이해할 수 있다. 요한에게 있어서 이러한 영광은 성육신(요 1:14)으로부터 드러나기 시작하여 이어지는 표적을 통해 계속되며(2:11), 예수님의 희생적인 십자가 죽음을 통해 절정에 달한다. 12:23에서 예수님은 인자가 영광을 얻으실 때가 왔다고 선언하셨다. 이어지는 두 구절은 이것이 결국 예수님의 십자가 죽음에 대한 언급임을 보여준다. 그 결과 많은 사람들이 그를 믿게 될 것이다. 예수님은 자신의 죽음을 한 알의 밀에 비유하여 그것이 땅에 떨어져 죽음으로 많은 열매를 맺는다고 말씀하셨다(24절). 이러한 희생적 죽음은 처음부터 예수님의 사명의 한 부분이었다. 예수님은 "내가 이를 위하여 이 때에 왔나이다 아버지여 아버지의 이름을 영광스럽게 하옵소서"(27-28절)라고 선언하셨다. 동일한 본문에서 예수님은 자신의 죽음을 "땅에서 들리면"(32절)이라고 표현하셨다. 요한은 이것이 그가 죽으시는 방법, 즉 십자가 죽음에 대한 예언이라고 해석한다(33절). 본문에는 곁말놀이(wordplay)라는 문학적 기법이 사용되었다. 즉 "들리면"은 십자가에 달리심 뿐만 아니라 그의 승귀에 관한 언급이기도 하다.[19] 요한에게 있어서 예수님의 죽음은 승귀의 한부분에 해당한다. 이것은 그의 부활이나 아버지께로 가심도 마찬가지이다. 요한복음 13장에는 예수님의 임박한 죽음과 관련된 동일한 영광의 이미지를 찾아볼 수 있다. 유다가 떠난 후 예수님은 "지금 인자가 영광을 얻었고 하나님도 인자를 인하여 영광을 얻으셨도다 만일 하나

---

19) 동일한 이중적 의미를 가진 곁말놀이가 요한복음 3:14-15의 인자의 "들림"에서도 발견된다.

님이 저로 인하여 영광을 얻으셨으면 하나님도 자기로 인하여 저에게 영광을 주시리니 곧 주시리라"(13:31-32)고 말씀하셨다. 본문에서 예수님은 자신의 죽음과 아버지께로 돌아감에 대해 예기적으로 표현하셨다. 배신자 유다가 예수를 팔기 위해 떠난 것(30절)은 예수님의 체포와 심문 및 십자가에서의 죽음의 직접적인 원인이 되었다. 이어서 예수님은 제자들에게 그가 잠시 동안만 그들과 함께 있을 수 있다고 말씀하셨다(33절). 이것 역시 자신의 임박한 죽음에 대한 언급이다. 본문에서 예수님은 적어도 다섯 번 영광이라는 표현을 사용한다. 두 번은 하나님께서 아들을 통해 받으시는 영광에 대해, 그리고 세 번은 자신의 영광에 대한 언급이다.

그러나 요한이 제시하는 예수님의 영광은 십자가에서의 죽음으로 끝나지 않는다. 여기에는 예수께서 성육신을 통한 낮아지심, 고난 및 죽으심에 이어 성육신하시기 이전에 아버지와 함께 누렸던 영광으로 돌아감이 포함된다(17:5). 이와 같이 성부께로 가심에는 예수님의 십자가 죽음뿐만 아니라 그의 부활과 승천이 포함한다. 예수께서 요한복음 13:33에서 제자들에게 "너희는 나의 가는 곳에 올 수 없다"고 하신 말씀은 예수께서 죽음을 통해 떠나실 뿐만 아니라 아버지께로 다시 가신다는 것을 의미한다.[20] 사실 요한복음 전체의 흐름은 예수님의 내려오심과 올라가심에 대한 언급이라고 할 수 있다. 이러한 흐름은 요한복음 서문(1:1-18)에 제시되어 있으며 나머지 내용에서 되풀이 된다. 서문에서 아버지와 함께 계셨던(1절) 성육신 이전의 말씀은 세상에 오셨으나 거절당하셨으며(9-10절) 다시 아버지께로 가신다("아버지 품속에 있는"[18절]). 요한복음 나머지 부분에는 동일한 흐름이 계속된다. 예수님은 하늘에서 내려오신 자이다(3:13). 그러나 그는 빛보다 어두움을 더 사랑한 자기 백성들로부터 거절당하셨다(19절; cf. 1:10). 이러한 거절은 예수님의 전체 공생애 사역의 특징이 되었다. 이것은 복음서 기자가 "이렇게 많은 표적을 저희 앞에서 행하셨으나 저를 믿지 아니하니"(12:37)라고 요약한 것과 같다.

---

20) 물론 나중에 예수께서 그들을 위해 처소를 예비하신 후, 제자들은 그곳에서 그와 함께 있게 될 것이다(요 14:2-3).

이 후부터 예수께서 성부께로 돌아가시는 상향적 흐름이 시작된다. 이에 대해 예수님은 요한복음 12:32("내가 땅에서 들리면")에서 이미 예언하셨다. 요한에게 있어서 예수님의 십자가 죽음은 이러한 상향적 흐름에서 중요한 요소이다. 예수님은 자신의 생명을 내어주셨다. 그러나 그는 자발적으로 그렇게 하심으로 그것을 다시 찾으신다(10:17-18). 빌라도는 유대인들에게 예수님을 그들의 왕으로 소개하였다(19:14). 유대 지도자들은 결국 분명하게 그를 버렸으며(15절), 그는 십자가 위에서 온 세상 사람들이 볼 수 있도록 유대인의 왕이라는 패를 달고 죽으셨다(19-20절). 이러한 상향적 흐름은 예수님의 부활과 승천을 통해 계속되었으며(20:17), 예수님은 이를 통해 아버지의 곁으로 승리의 귀환을 하시게 되었던 것이다(cf. 1:18).

"때"(hōra)라는 단어(2:4; 4:21, 23; 5:25, 28; 7:30; 8:20; 12:23, 27; 13:1; 16:21; 17:1)는 요한복음에서 예수님의 승귀와 관련하여 중요한 의미를 가진다. 이것은 예수님의 지상 생애에서 세상을 떠나 아버지께로 가야하는 특별한 시간으로서(13:1), 인자가 영광을 받으시는 때이다(17:1). 이것은 그의 고난과 죽음, 부활(그리고 승천[요한복음에는 강조되지 않았지만])을 통해 성취된다. 요한복음 7:30 및 8:20은 예수님의 체포와 죽음이 그의 "때"에 포함된다는 사실을 암시한다. 아들의 영광에 대해 언급한 요한복음 12:23과 17:1은 부활과 승천을 암시한다. 요한복음 2:4에서 예수께서 어머니에게 말씀하신 내용은 자기를 나타내실 때가 아직 이르지 않았음을 보여준다.

6. 성령/보혜사

1) 요한복음에 나타난 성령

요한복음의 성령에 관한 언급은 대부분 예수님의 고별 강화(14-17장)에 제시된다. 예수님은 성령을 "보혜사"(*paraklētos*)라고 부르신다. 그 전에 성령에 대한 중요한 언급이 여섯 군데에 제시된다.

(1) 요한복음 첫 장에 제시된 성령

예수께서 세례 요한으로부터 세례를 받으신 내용은 성령에 대한 첫 번째 언급이다(1:29-34). 예수님의 세례 기사에 대한 요한복음과 공관복음의 가장 중요한 차이점은 요한이 세례 요한의 반응을 기록하였다는 것이다. 그는 자신이 성령께서 하늘로부터 비둘기 같이 내려와 예수님 위에 머무는 것을 보았다고 말한다(1:32). 본문에는 세례 장면이 함축되어 있으나 언급되지는 않는다. 비둘기는 예수님의 세례에 관해 공관복음 기사에서도 언급된다. 세례 요한은 만일 하나님께서 성령이 머무는 그가 성령으로 세례를 주시는 분이라는 사실을 알려주지 않았더라면 자신도 예수님을 알아보지 못하였을 것이라고 말한다(33절). 요한복음은 공관복음과 달리 예수님의 세례시에 하늘에서 들려온 음성에 대해 언급하지 않는다(마 3:17; 막 1:11; 눅 3:22).[21] 그러나 세례 요한은 계시에 의해 동일한 결론을 내렸다: "내가 보고 그가 하나님의 아들이심을 증거하였노라"(요 1:34). 따라서 예수님의 세례에 관한 요한의 설명은 공관복음과 동일한 내용의 대안적 번역이 아니다. 그것은 세례 요한에게 주어진 간접적, 보충적인 계시이다. 그는 이어서 예수님을 메시아로 증거하는 자가 되었다.[22]

세례 요한은 예수님을 증거하며 성령께서 그의 위에 머무셨다고 두 번 언급한다(1:32-33). 이 표현은 그 속에 영원성을 함축하고 있기 때문에 성령과 예수님의 관계를 보여주는 매우 중요한 언급이다. 본문에 사용된 *menein en tini*(머물다)라는 헬라어 구절은 "내적이며 영속적인 인격적 연합"을 의미한다.[23] 이 구문은 요한복음 다른 본문에도 아버지와 아들의 영원한 상호 내재적 관계를 묘사하기 위해 사용되었다(요 14:10-11, "아버지께서 내 안에 계

---

21) 이러한 생략은 요한의 글이 공관복음과 모순 됨을 의미하지 않는다. 요한은 세례 요한이 받은 선지자적 계시에 대해 보다 많은 관심을 가진다. 세례 요한의 결론이 하늘로부터 온 음성(너는 내 사랑하는 아들이라)과 동일할 뿐 아니라 요한복음 1:29-34은 예수님의 세례에 관한 직접적인 기록이 아니라 세례 요한의 회상이기 때문에 하늘의 음성은 기록되지 않은 것이다.
22) 요한복음 1:31("나도 그를 알지 못하였으나 내가 와서 물로 세례를 주는 것은 그를 이스라엘에게 나타내려함이라 하니라") 및 "증거"(NASB; cf. NIV "증거" [1:32]; "증거하다" [1:34])에 대한 반복된 언급을 참조하라.

심"). 이와 같은 아버지와 아들의 관계는 성도들과 하나님 아버지("하나님이 저 안에 거하시고 저도 하나님 안에 거하느니라"[요일 4:15]), 성도들과 예수님("거하고"[요 6:56], "거하지 아니하면"[15:6]) 및 성도들과 예수님의 말씀("거하면"[8:31])과의 관계의 전형이 된다. *menein en*은 요한일서 3:24("거하고")에도 사용되며, 하나님께서 성령을 통하여 성도들 가운데 거하심을 묘사한다. 또한 요한복음 15:4-11에는 예수님과 제자들의 관계를 묘사하는 표현으로 여러 번 반복된다. 특히 14:17("저는 너희와 함께 거하심이요")에서 신자들 가운데 영원히 거하시는 진리의 영으로 묘사된 것은 중요하다. 언제나 성령과 함께 거하시는 분으로서 예수님은 다른 사람들에게 성령을 나누어 주신다(요 1:33["그가 곧 성령으로 세례를 주는 이인줄 알라"]; 15:26; 16:7; 20:22도 참조하라).

요한복음 앞부분의 성령에 관한 나머지 언급들은 예수님의 강화에서 발견된다. 예수님은 니고데모에게 "진실로 진실로 네게 이르노니 사람이 물과 성령으로 나지 아니하면 하나님 나라에 들어갈 수 없느니라"(3:5)고 하셨다. 물에 대한 언급은 논쟁이 되고 있으나(육신적 출생에 대한 언급인가 아니면 세례를 의미하는가?), 본문의 핵심은 성령의 중생적 능력에 대한 언급임이 분명하다. 이러한 관점은 이어지는 구절에서도 강조된다. 본문에서 예수님은 육으로 난 것과 성령으로 난 것을 비교한다(6절). 예수께서 말씀하신 요지는 출생과 같다는 것이다. 바울과 달리 요한은 "육"을 "영"에 반대되는 부정적인 도덕적 개념으로 보지 않았다. 요한은 단순히 영적 출생이 인간적 수단을 통해 오지 않는다는 것을 지적하였을 뿐이다.[24] 거듭나는 것은 오직 성령의 사역을 통해서만 가능하며, 결코 인간적 노력에 의한 것이 아니다. 신자가 새로운 영적 존재가 되는 것은 오직 성령의 사역에 달려 있다. 니고데모가 이러한 급진적 주장을 이해하지 못한 것은 결코 놀라운 일이 아니다. 그

---

23) Walter Bauer, William F. Arndt, and F. Wilbur Gingrich, *A Greek-English Lexicon of the New Testament and Other Early Christian Literature*, 2d ed., rev. F. Wilbur Gingrich and Frederick W. Danker (Chicago: Univ. of Chicago, 1979), 504.
24) "말씀이 육신이 되어"(요 1:14)라는 언급은 분명히 복음서 기자가 성육신하신 말씀으로서 예수님에 대해 도덕적으로 부정적인 개념을 제시하려 한 것이 아니다.

럼에도 불구하고 예수님은 니고데모가 적어도 부분적으로라도 말씀을 이해하기를 기대하였다: "너는 이스라엘의 선생으로서 이러한 일을 알지 못하느냐"(10절). 구약성경 가운데 물과 성령과 관계된 가장 중요한 본문은 에스겔 36:25-27이다. 본문에서 물은 부정한 것을 씻고 "영"은 백성들로 하여금 하나님을 섬기고 보다 순종하게 하는 성령의 내주하심에 대한 언급이다.

성령에 대한 또 하나의 언급은 요한복음 3장의 결어 부분에서 발견된다: "하나님의 보내신 이는 하나님의 말씀을 하나니 이는 하나님이 성령을 한량없이 주심이니라"(34절). 본 구절의 상반절은 "하나님의 보내신 이"로서 예수님 자신에 대한 언급이 분명하다. 하반절은 궁극적 수단으로서 성령을 받은 신자들에 대한 언급으로 해석되기도 하나, 본문 역시 예수님에 대한 언급임이 분명하다. 34절은 예수님에 대한 세례 요한의 증거에 대해 다룬 마지막 본문(3:27-36)의 끝부분에 제시된다. 31-36절 전체를 세례 요한이나 복음서 기자의 언급으로 보아야 하는지는 분명하지 않으나 어느 쪽이든 메시아와 하나님의 아들로서 예수님에 대한 증거임은 분명하다. 따라서 34절 하반절은 예수님에 대한 언급이 틀림없다. 그는 아버지께서 자신의 손에 만물을 주셨듯이 성령을 한량없이 받으셨다(35절).

요한복음 4장의 예수님과 사마리아 여인과의 대화에서 예수님은 하나님 자신의 속성에 대해 언급하셨다: "하나님은 영이시니 예배하는 자가 신령과 진정으로 예배할지니라"(24절). 두 번의 언급을 통해 "영"은 직접적으로 "성령"을 언급하지는 않지만 신령과 진정으로 예배해야 한다는 개념은 성령의 사역이 신자들을 참된 예배로 인도하심을 보여준다.

생명의 떡 강화에 이어 예수님은 불평하는 일부 제자들에게 "살리는 것은 영이니 육은 무익하니라"(6:63)고 말씀하셨다. 요한복음 3장에서 이미 살펴본 대로 성령의 역할은 영적 생명을 주는 것이다. 마찬가지로 구약성경에서 하나님의 영은 생명을 주는 일과 관련된다(창 1:2; 겔 37:1-14). 성령이 머무는 자(요 1:32-33)이자 하나님이 성령을 한량없이 주는 자로서(3:34) 예수님은 이제 "내가 너희에게 이른 말이 영이요 생명이라"(6:63)고 말씀하신다. 그가 하신 말씀은 생명을 주는 성령의 산물로서, 듣는 자가 말씀을 깨닫고 받아들이기만 하면 영생을 주실 것이다. 예수님의 말씀을 이러한 관점에서 이해하고 평가한다면 독자들은 그가 세상에 생명을 주시기 위해 하늘로서 오신 참된 떡임을 인식하게 될 것이다(51절).

요한복음 7:38-39에는 성령에 대한 약속이 언급된다. 예수께서 38절에서 생수의 강에 대해 언급하신 후 복음서 기자는 "이는 그를 믿는 자의 받을 성령을 가리켜 말씀하신 것"(39절)이라는 주석적 언급을 덧붙인다. 물과 성령의 밀접한 관계는 3:5의 언급과도 유사하다. 요한복음 7:39 역시 예수님이 영광을 받으시기까지 성령이 주어지지 않을 것임을 언급한다(cf. 20:22). 이것은 복음서 기자의 부활 후의 관점을 보여주는 회고적 주석이다. 요한복음 7:39은 제자들이 예수께서 말씀하시던 당시에는 그 말씀을 깨닫지 못하였으나 나중에 예수께서 부활하신 후에 그들이 받은 통찰력으로 그것을 이해하였다는 것이다(cf. 12:16). 7:38의 "생수의 강"은 성령을 언급한다(3:5은 물과 성령의 연결을 보여준다). 이것은 예수께서 사마리아 여인에게 제시하신 "생수"(4:10)가 성령으로 해석되어야 함을 보여준다. 이 주장은 나중에 예수께서 여자에게 "신령과 진정으로" 예배해야 한다고 말씀하신 것(23-24절)과도 잘 부합된다.

요한복음 7:39의 성령을 나타내는 "생수"의 강이 흐르는 원천이 누구인지를 아는 것은 더욱 어렵다. 37-38절에 대한 NIV의 구두점은 38절 끝의 "그 (배에서)"가 신자를 지칭한다는 것을 암시한다: "나를 믿는 자는 성경에 이름과 같이 그 배에서 생수의 강이 흘러나리라." 요한복음 4:14은 종종 본문과 평행을 이루는 구절로 제시되지만, 신약성경의 요한의 글 어디에도 신자가 다른 사람들에 대한 성령의 원천이 된다는 구절은 없다. 그러나 요한은 예수께서 이 역할을 하신다고 언급한다(6:35; 계 22:17). 따라서 NIV의 난외주("누구든지 목마르거든 내게로 오라. 나를 믿는 자는 내게서 마셔라. 성경에 이름과 같이, 그 배에서 생수의 강이 흘러나리라")에서 제시하는 대로 7:37-38의 생수의 원천은 예수님으로 보는 것이 적절하다.

(2) 고별 강화에 나타난 보혜사

요한복음 14:16에서 예수님은 그를 사랑하여 계속해서 계명을 지킬 제자들을 위해 아버지에게 "다른 보혜사"(allon paraklēton)를 보내 주실 것을 구하겠다고 약속하셨다. 이것은 보혜사가 이미 제자들과 함께 있음을 보여준다. 이전의 보혜사는 예수님 자신에 대한 언급으로 보는 것이 가장 적절하다. "또 하나의 보혜사"란 그가 떠나면 오실 것이기 때문이다. 요한일서 2:1은 하늘에서 대언자의 역할을 하실 예수님을 보혜사로 제시한다. 본문에 함축된 의미는 예수께서 지상에서 사역하시는 동안 제자들의 보혜사가 되셨다는 것이다. "다른"(allos)은 "또 하나의 동일한 종류"로 해석되어야 한다고 주장되어 왔다. 모든 주석가들이 allos와 heteros(또 하나의 다른 종류)의 의미를 이와 같이 구별하는데 동의하지는 않는다. 그러나 대체로 요한복음에서 예수님은 자신이 보혜사라고 말씀하지는 않았으나 제자들을 위해 보혜사와 같은 역할을 수행하셨다.

보혜사로서 성령님과 제자들과 함께 계시면서 보혜사의 역할을 하시는 예수님에 대한 요한의 비교는 성령께서 예수님과 같이 인격적이어야 한다는 사실을 강력히 함축하고 있음에 유의해야 한다. 특히 예수님이 떠나신 후 성령께서 제자들을 위해 수행하신 역할의 범위는(요 14:26; 15:26; 16:8-15) 성령님의 인격적 본질을 보여준다.

paraklētos(보혜사)라는 헬라어는 번역하기 어려운 단어이다. 전통적인 영어 번역은 요한 위클리프(John Wycliffe)때로부터 내려오는 "위로자"(Comforter)이다. 많은 사람들은 이것을 적절한 번역이라고 생각하지 않으나, 사실상 어떤 번역이 적절한지에 대해서는 의견이 다르다. 아마도 굳스피드(Goodspeed)의 주장이 가장 적절할 것이다. 그는 이 단어가 다른 사람의 재판을 위해 나온 조력자(helper), 중재자(intercessor), 변호인(pleader), 또는 증인(character witness)을 의미한다고 말한다. "보호자"(defender)는 이 개념에 가깝다고 할 수 있다. 그러나 이것은 단순한 보호자의 개념을 넘어선다. 오실 보혜사가 제자들을 가르치고 생각나게 할 것이라는 예수님의 언급은

이러한 의미를 넘어서며 보다 광범위한 번역을 요구한다. 굳스피드는 요한복음에서는 "조력자"(Helper)가, 요한일서 2:1에서는 "우리를 위해 중재하시는 분"이 적절한 번역이라고 말한다.25) 분명히 요한복음에 언급된 모든 *paraklētos*의 용례는 성령(cf. 요 14:26)에 관한 것이며 요한일서 2:1은 예수님 자신에 관한 것이다.

"보혜사"라는 호칭에 덧붙여 성령은 예수님의 고별 강화에서 직접적으로 한번 언급되며(요 14:26), "진리의 성령"(Spirit of truth)은 세 번 나온다(14:17; 15:26; 16:13). 고별 강화에 언급된 성령(Holy Spirit)은 증거 또는 증인의 영으로 묘사된다. 그의 주된 역할은 예수님을 증거하는 것이다(15:26; 16:13-15). 여기에는 예수님에 대한 증거를 통해 그에게 영광을 돌리는 일도 포함된다(16:14). 다시 말하면 예수님 자신이 진리이시기 때문에(14:6) 성령께서는 그 진리에 대하여 증거하신다는 것이다. 그러므로 이 영은 진리의 성령(16:13)으로 불린다. 즉 제자들에게 진리를 계시하며 그들을 진리 가운데로 인도하실 것이다(16:13). 예수님이 진리이신 것처럼(요 14:6) 성령을 진리라고 말하는 사람도 있을 것이다(요일 5:6[NIV]; 5:7[NASB]).

요한에게 진리는 단순한 지식이나 신앙의 대상이 아니라 행함의 대상이다(7:17). 그는 성령이 제자들을 모든 진리 가운데로 인도하신다고 했을 때(16:13), 오늘날과 같은 광의의 진리(즉 과학, 의학, 기술적 진리 등)를 의미한 것은 아니다. 그는 제자들이 예수께서 그들과 함께 계실 때의 신분에 대한 이해와 그의 죽음과 부활 및 영광을 받으신 후의 신분에 대한 이해와 비교하여 제자들이 겪은 경험에 대해 언급한다. 이것이 예수께서 제자들에게 약속하신 내용이다. "그가 너희에게 모든 것을 가르치시고 내가 너희에게 말한 모든 것을 생각나게 하시리라"(14:26[NASB]). 이 일은 정확히 사도들에게 일어났다. 예수님의 부활 후에야 제자들은 예수께서 그들에게 가르치신 진리와 그들 앞에서 행한 일들을 이해하게 되었다(2:22).

---

25) E. J. Goodspeed, *Problems of New Testament Translation* (Chicago: Univ. of Chicago, 1945), 110-11.

한편 세상은 성령을 받을 수도 없고 예수님에 관한 일을 알 수도 없으며, 성령의 증거는 오직 제자들에게만 임할 뿐이다(14:17). 이것은 예수께서 자신을 세상에는 나타내지 아니하시고 신자들에게만 나타내심과 같다(22절). 성령께서는 처음부터 예수님과 함께 있었던 제자들과 함께 세상에 대해 증거할 것이다(15:26-27). 이것은 보혜사가 세상을 책망할 것이라는 본문에서도 마찬가지이다(16:8-11).

성령께서 제자들에게 오는 것은 예수님이 그들을 떠나 아버지께로 가셔야만 가능하다(16:7). 이것은 복음서 기자가 7:39에서 언급한 해석적 주석과도 일맥상통하다: "예수께서 아직 영광을 받지 못하신 고로 성령이 아직 저희에게 계시지 아니하시더라." 다른 본문에 의하면 성령은 아버지가 주시는 선물로(14:16, 26), 아들에 의해 보내심을 받는다(14:26; 15:26; 16:7). "아버지께로서 나오시는"(15:26) 성령이라는 표현은 해석이 쉽지 않지만, 여기에는 성령께서 아버지와 동일한 본질적 속성을 가지신다는 뜻이 함축되어 있다. 사실상Ä 요한은 본문을 통해 하나님의 보내심을 받은 아들의 선교(3:17, 34; 5:36-38; 6:29, 57; 7:29; 8:42; 10:36; 11:42; 17:3, 8, 18, 21, 23, 25; 20:21)와 아들을 대신할 "다른 보혜사", 즉 예수께서 아버지께로 가신 후 제자들을 통해 예수님의 사역을 계속해서 수행하실 성령의 선교가 평행을 이루고 있음을 보여주고 있다. 따라서 명백히 언급되지는 않았으나 본문은 삼위일체에 관한 내용을 강력히 암시한다.

끝으로 예수님은 고별 강화에서 성령께서 신자들 가운데 거하심을 언급한다: "저는 너희와 함께 거하심이요 또 너희 속에 계시겠음이라"(14:17). 앞절에서 예수님은 제자들에게 성령께서 영원히 그들과 함께 계실 것이라고 약속하심으로 성령의 내주하심에 담긴 영원한 본질을 제시하셨다. 이것은 제자들의 안전에 관한 예수님의 언급(10:27-30)과도 부합된다.

(3) 오순절에 관한 언급

성령에 관한 마지막 언급은 20:22이다: "이 말씀을 하시고 저희를 향하사

숨을 내쉬며 가라사대 성령을 받으라." 본문은 일반적으로 예수께서 고별강화를 통해 약속하신 아버지께로 가면 성령을 보내시겠다는 말씀(16:7)의 성취, 즉 오순절에 관한 내용으로 알려져 있다. 그러나 제자들을 향해 숨을 내쉬는 예수님의 행동은 부활 후에 제자들에게 나타나신 예수께서 제자들에게 실제로 성령을 주시는 장면이라기보다 성령을 부으심에 대한 하나의 상징으로 보아야 한다. 사실 요한복음의 나머지 내용에 나타난 제자들의 행동은 사도행전 2장의 오순절에 이어지는 확신이나 능력 있는 행동을 반영하지 못하고 있다. 만일 요한복음 20:22이 실제로 어떤 식으로든 성령을 주시는 내용이라면 열두 제자 가운데 하나인 도마가 그 시간에 그곳에 있지 않았다는 사실(24절)은 어떻게 설명할 것인가? 예수님은 이미 요한복음에서 특히 자신의 죽음과 부활 및 아버지께로 가신 후 받으실 영광에 대해 예기적으로 말씀하셨다(17:1-5). 이것은 그가 성령을 주시겠다는 말씀에 있어서도 동일하게 적용될 수 있다.

2) 요한서신에 나타난 성령

요한일서에는 네 개의 본문에서 성령에 관한 언급을 찾을 수 있다. 두 본문은 신자들이 하나님께서 그들과 함께 계심을 믿는 내용이다. 요한일서 3:24은 "우리에게 주신 성령으로 말미암아 그가 우리 안에 거하시는 줄을 우리가 아느니라"고 말한다. 마찬가지로 요한일서 4:13은 신자들의 삶에서 성령이 하나님과의 관계를 보증하신다는 내용이다. 본문의 어휘들은 요한복음 15:1-17과 유사하다. 요한복음 본문에서 예수님은 제자들과 함께 "거하심"에 대해 언급하신다(NIV[remain]; Gk.[*menō*]). 이 말씀 앞에는 제자들에게 "다른 보혜사"(성령)를 보내어 주시겠다는 약속(14:16)이 있으며 뒤에는 제자들 및 세상을 위한 성령의 사역에 관한 예수님의 말씀(16:5-16)이 이어진다.

요한복음에서처럼 증인으로서 성령의 역할은 요한일서 5:7에 언급된다: "증거하는 이는 성령이시니 성령은 진리니라"(cf. 요 15:26; 16:13-15). 이어지는 요한일서 5:8은 어렵지만 물과 피와 함께 예수 그리스도의 증인으로서 성령의 역할에 대해 반복한다(cf. 5:6, 10).

요한일서 4:1-6에는 진리와 거짓에 대한 날카로운 대조가 언급되며 "진리의 영과 미혹의 영"에 대한 성도들의 인식(4:6)에서 절정에 이른다. 예수 그리스도가 육체로 오심을 인정하는 것은 성령이 계심을 시험해볼 수 있는 잣대가 된다(4:2). 이러한 인식에 대한 필요성은 요한의 수신자인 교회의 분열로부터 요구된 것이다. 이것은 편지를 받는 자(참된 신자)와 이단적 기독론을 주장하는 분파주의자(2:19, 26)를 구별한다. 그러나 요한이 서신을 보낸 주된 목적은 대적들을 논박하기 위함이 아니었다. 오히려 그는 사도적 믿음을 지킨 정통 신자들을 격려하고 확신을 주기 위해 서신을 보내었다. 대적들에 관한 본문에 언급된 그들의 잘못된 기독론(4:2-3)과 사도들의 권위에 대한 부인(6절) 및 사랑의 결여(7-12절)는 그들이 하나님께 속하지 않음을 보여준다(3, 6, 8절). 그들은 성령이 아니라 적그리스도의 영을 가졌다(3절).

3) 요한계시록에 나타난 성령

요한계시록의 성령은 예언의 영이다. 이것은 요한복음 16:13에 제시된다. 본문의 "장래 일을 너희에게 알리시리라"는 표현은 신자들의 '현재적 경험으로서 영생'에 관한 요한복음의 주장을 보충하고 균형을 잡아주는 요한계시록의 종말론적 가르침을 포함하는 광범위한 언급이다(계 1:19; 4:1; 1:1; 22:6).

일곱 교회에 보내는 각 편지의 끝에는 수신자에 대해 성령이 하시는 말씀을 들으라는 호소가 제시된다(2:7, 11, 17, 29; 3:6, 13, 22). 이것은 성령의 계시적 역할에 대한 요한의 강조(요 14:26; 16:13; 요일 2:27)와 부합된다. 더구나 교회에 보내는 편지는 승귀하신 그리스도로 온 것이기에 요한계시록에는 그리스도의 말씀과 성령의 말씀 사이의 동일한 관계가 발견된다. 이러한 관계는 이미 요한복음 16:13-15에 제시되어 있다: "그[성령]가 자의로 말하지 않고 오직 듣는 것을 말하시며... 내[그리스도]가 말하기를 그가 내 것을 가지고 너희에게 알리리라." 성령의 말씀은 그리스도의 말씀이다. 따라서 요한은 일곱 교회에 보내는 편지를 받았을 때(계 1:10)나 이어지는 환상을 보았을 때(4:2), "성령에 감동하여"(계 1:10)라고 했던 것이다. 마찬가지로 그는 "성령으로" 인도되어 붉은 빛 짐승(17:3)과 새 예루살렘이 하나님께로부터 하늘에서 내려오는 것(21:10)을 보게 된다. 요한은 그가 보고 기록한 것이 자신에게서 나온 것이 아니라 성령의 계시로 주어진 것임을 분명히 하였으며, 예수님은 "그가 내 것을 가지고 너희에게 알리리라"(요 16:13)고 말씀하셨던 것이다.

요한계시록에 언급된 성령에 관한 독특한 묘사는 "하나님의 일곱 영"(계 1:4; 3:1; 4:5; 5:6)이다. 요한은 계시록 다른 본문에서 성령을 단수로 언급하였기 때문에(1:10; 2:7, 11, 17, 29; 3:6, 13, 22; 4:2; 17:3; 21:10) 그가 성령을 복수적 개념으로 생각했을 이유는 없다. 일곱 영은 일곱 별(3:1)과 일곱 등불(4:5) 및 일곱 뿔과 일곱 눈(5:6)과 관련하여 언급된다. 따라서 일곱이라는 숫자는 완전을 의미하며, 요한계시록 1:4; 3:1; 4:5; 5:6의 "일곱 영"에 대한 NIV의 난외주 해석(sevenfold Spirit[7중 영])은 적절하다. 일곱이라는 숫자와 성령을 연결한 개념은 이사야 11:2에서 찾아볼 수 있다. 본문에서 성령은 일종의 속성으로 나타난다: "여호와의 신 곧 지혜와 총명의 신이요 모략과 재능의 신이요 지식과 여호와를 경외하는 신이 그 위에 강림하시리니." 이러한 속성("여호와의 신"으로부터 시작된다)은 모두 일곱 가지에 이른다.

7. 요한 신학의 대조법

대조적 이미지는 요한 신학의 중요한 특징이다. 빛과 어두움(요 1:5), 하늘과 땅(3:12; 8:23), 육과 영(3:6) 및 믿음과 불신(3:18)과 같은 대조적 쌍은 독자들에게 상당한 호소력을 제공해 준다. 이것들은 종종 이중적으로 묘사되지만 철학적 개념의 이중성으로 생각하면 오산이다. 예를 들어 요한은 빛과 어두움을 같은 차원에 두지 않는다. 요한의 구조에서 어두움은 빛의 반대적 개념이 아니라 그것이 없음을 의미한다. 즉 세상의 빛으로 오신 자와 분리되어 제거됨을 말한다. 요한은 이러한 대조적 이미지를 통해 독자들로 하여금 선택적 대안과 맞서도록 하고 있다. 예수님에 대한 반응과 관련하여 이러한 선택은 자신의 영원한 운명을 결정하는 것이기 때문에 매우 중요하다. 요한에게 중간 지대란 없다.

1) 빛과 어두움

요한 문학에서 가장 중요한 대조는 빛과 어두움이다. 이 이미지는 요한복음에서 광범위하게 발견되며 요한일서에서도 반복된다. 이 대조적 이미지의 기원과 관련하여 요한복음의 저자는 헬라 사회의 빛에 대한 의미를 염두에 두었는지도 모른다. 그가 사용한 용어는 그가 관심을 가지고 있었던 이교도에 호소하기 위해 선택했을 가능성도 있으나 보다 깊은 차원에서 볼 때 요한복음 서문(1:9)에 제시된 "참 빛"의 개념은 필로(Philo)와는 아무런 상관이 없다.26) 요한의 생각은 성경적이고 종말론적이다. 구약성경에 언급된 한 병행구는 요한이 언급한 모든 "빛"(*phōs*)과 평행을 이룬다.

(1) 요한복음에 제시된 빛과 어두움에 관한 이미지

요한복음에서 빛(과 어두움)에 대한 언급은 1:5에서 처음 발견된다: "빛이 어두움에 비취되 어두움이 깨닫지 못하더라." NIV에서 "깨닫다"(understand)로 번역하고 있는 *katelaben*이라는 헬라어 동사는 "이기다"라는 뜻으로도 번역할 수 있으며, 카슨(Carson)은 이 구절 전체를 "계획된 모호성의 작품"이라고 불렀다.27) 한편으로 이 구절은 창조와 관련하여 선재하신 아들의 역할에 대해 언급하고 있는 요한복음 1:3에 근거하여 단순히 창조(창 1:2-3)에 대한 반복적 언급으로 보기도 한다. 이 경우 어두움은 빛을 "이길 수" 없다. 그러나 "말씀이 육신이 되어"(요 1:14), 즉 예수 그리스도를 통해(1:9) 이미 "참 빛"(*to phōs to alēthinon*)이 세상에 오셨다. 예수님 자신도 나중에 "나는 세상의 빛"(8:12; 9:5)이라고 말씀하셨다. 따라서 요한복음 1:5은 구원과 관련하여 해석될 수 있다. 즉 예수님은 세상의 빛으로서 세상에 오셨으나 세상은 그와 그의 말씀을 깨닫지 못하였다. 이와 같이 1:5

---

26) *De somniis* 1.75는 "원형적 빛"(*phōtos archetypon*)에 대해 언급한다.
27) D.A. Carson, *The Gospel According to John* (Grand Rapids: Eerdmans, 1991), 119.

의 *katelaben*에 대한 NIV의 해석은 단순히 창조시의 빛과 어두움이라는 우주적 갈등의 개념을 초월하여 10-11절에 제시된 거절(rejection)에 관한 주제를 보여준다.

빛과 어두움, 즉 빛으로서 예수님과 어두움에 속한 악인들과의 대조는 요한복음 3:19-21에서 반복, 확대된다. 본문은 요한신학의 빛과 어두움이라는 대조법과 요한복음 자체를 이해하는 가장 중요한 내용 가운데 하나이다. 빛(예수 그리스도)이 세상에 오심은 심판을 촉진한다(3:17-18). 심판은 빛, 즉 예수님에 대한 각자의 반응에 달려 있다. 사람은 빛으로 올 것이냐(즉 예수를 믿을 것인가[1:12; 3:18]) 그렇지 않으면 어두움으로 들어가 심판을 받을 것인가(즉 예수를 거절할 것인가[3:17])라는 두 가지 대안 가운데 하나를 선택해야 한다. 요한은 믿는 자는 이미 영생을 얻었다(5:24)고 말한 것처럼 빛(그리스도)을 거절한 자는 이미 심판을 받았다고 말한다(3:18).

빛으로 올 것인가 어두움에 남을 것인가라는 결정은 8:12("나는 세상의 빛이니 나를 따르는 자는 어두움에 다니지 아니하고 생명의 빛을 얻으리라"), 9:4-5("때가 아직 낮이매 나를 보내신 이의 일을 우리가 하여야 하리라 밤이 오리니 그때는 아무도 일할 수 없느니라 내가 세상에 있는 동안에는 세상의 빛이로라"), 12:35-36("빛이 있을 동안에 다녀 어두움에...") 및 12:46("나는 빛으로 세상에 왔나니 무릇 나를 믿는 자로 어두움에 거하지 않게 하려 함이로라")에 다시 한번 제시된다. 복음서 기자는 가룟 유다가 다락방을 떠나자 곧 "밤이러라"(요 13:30)고 언급한다. 세상의 빛이 떠나서 아버지께로 가려하자 결국 어두움이 왔다(cf. 눅 22:53). 다시 한번 대조적 이미지가 드러난다. 요한에게 예수님은 세상의 빛이시며 그를 믿는 자는 빛으로 나아와 빛 가운데 걷는다. 이와 대조적인 인물은 가룟 유다이다. 예수를 버리고 어두움의 권세에 자신의 운명을 맡겼던 그는 어두움을 향해 떠났으며 그것의 삼킴을 받고 말았다. 이들 두 반응 사이에 중간 지대가 있다면 요한은 다르게 묘사했을 것이다.

(2) 요한서신에 제시된 빛과 어두움

요한복음에 나타난 빛과 어두움의 대조는 요한서신 및 계시록에도 계속된다. 요한일서 2:8에는 빛과 어두움에 대한 종말론적 어조의 이미지를 볼 수 있다: "어두움이 지나가고 참 빛이 벌써 비춤이니라"(cf. 롬 13:12). 이것은 미래적 재림과 함께 신자들이 현세에서 누리는 영생에 관한 요한의 주장과 부합된다. 예수님이 아버지께로 가신 후에도 세상의 빛은 계속해서 비출 것이며 어두움은 그것을 이기지 못할 것이다. 그러나 어두움은 아직 이 땅에서 완전히 사라진 것이 아니다.

"하나님은 빛이시라"(요일 1:5)는 구절은 하나의 은유이다. 그럼에도 불구하고 동일한 구절에서 어두움이라는 대조적 주제가 빛에 대응하여 제시된다: "그에게는 어두움이 조금도 없으시니라." 이러한 대조의 절대적 본질도 제시된다. 즉 요한에게 빛과 어두움은 상호 배타적이며 공존할 수 없다. 어두움과 관련된 것은 하나님과 함께 할 수 없다. 따라서 이어지는 구절(1:6)은 하나님과 사귐이 있다고 주장하면서 어두움 가운데 걷는 사람은 그의 주장과 관계없이 하나님과 전혀 관계가 없다는 의미를 함축한다.

요한일서 2:9-11에는 빛과 어두움의 이미지가 다시 한번 사용된다. 본문에서 동일한 주장을 하는 사람들의 진위 여부는 형제를 사랑하느냐의 여부에 달려 있다. "어두운 가운데 있고 또 어두운 가운데 행하는"(11절) 자는 "지금까지 어두운 가운데 있는 자"이며, 그의 주장과 관계없이 그리스도 안에 있는 참된 신자가 결코 아니다. 이것은 요한일서 1:5-7이나 요한복음 3:19-21에 언급된 원래의 빛과 어두움에 관한 이미지에 의해 강력히 뒷받침된다. 어두움은 이들의 "눈을 멀게"(요일 2:11) 하였다. 이것은 요한복음 9:39-41에서 예수님을 공격하던 유대 지도자들이 영적으로 눈이 멀었다는 사실에 유추할 수 있다. 한편으로 서로 사랑하는 예수님의 명령에 순종하여 이웃을 사랑하는 자는 "빛 가운데 거하여 자기 속에 거리낌이 없는"(요일 2:10) 자이다. 이들은 세상의 빛이신 예수께 나아와 빛 가운데 거함으로 "그 행위가 하나님 안에서 행한 것임을 나타내려"(요 3:21) 한다.

(3) 요한계시록에 제시된 빛과 어두움

요한계시록 21:23에 제시된 빛으로서의 하나님의 이미지에 대한 반복은 만물의 마지막이 처음과 같은 것이라는 사상을 반영한다. 즉 창조 첫날에 어두움 가운데 비취었던 빛(창 1:3)은 모든 것이 성취될 마지막 날에 다시 한번 비췰 것이다(계 22:5). 이것은 구약성경 이사야 60:19에 근거한다.

2) 하늘과 땅(위와 아래)

요한복음에 나타난 또 하나의 중요한 대조는 하늘과 땅, 또는 위에 있는 것과 아래에 있는 세상 사이의 대조이다. 예수님은 성전에서 가르치실 때 유대 지도자들의 질문에 답하시면서 이와 같은 대조에 대해 간략히 제시하셨다. "너희는 아래서 났고 나는 위에서 났으며 너희는 이 세상에 속하였고 나는 이 세상에 속하지 아니하였느니라"(요 8:23). 이러한 이미지는 요한복음 전체에서 찾아볼 수 있다. 요한복음 서문에는 예수께서 하늘을 떠나("이 말씀이 하나님과 함께 계셨으니"[요 1:1]) 세상에 오셨다고 언급한다("참 빛 곧 세상에 와서 각 사람에게 비취는 빛이 있었나니"[요 1:9]). 요한복음 3:13("하늘에서 내려온 자")에는 동일한 주제가 인자와 관련하여 명백히 제시된다.

생명의 떡 강화에는 하늘과 땅의 대조가 여러 번 제시된다. 요한복음 6:33에서 예수님은 자신이 하늘에서 오셨다는 것과 지상에서의 사역에 대해 선언하신다: "하나님의 떡은 하늘에서 내려 세상에게 생명을 주는 것이니라." 이것은 요한복음 6:38에서 예수님의 지상 사역과 관련하여 다시 한번 제시된다. 즉 그는 아버지의 뜻을 행하기 위해 아버지께로부터 보내심을 받았으며, 아버지의 뜻은 아들을 믿는 자에게 영생을 주는 것이다(39-40절). 이것은 6:50-51("이는 하늘로서 내려오는 떡이니 사람으로 하여금 먹고 죽지 아니하게 하는 것이니라") 및 6:58("이것은 하늘로서 내려온 떡이니")에서 다시 반복된다.

하늘과 땅의 대조는 6:62에도 나타난다. 본문에서 예수님은 "그러면 너희가 인자의 이전 있던 곳으로 올라가는 것을 볼 것 같으면 어찌 하려느냐"고 말씀하신다. 이것은 7:8의 "올라가다"에 대한 곁말놀이의 배경을 형성한다. 예수님은 이러한 방식을 통해 자신의 예루살렘 방문에 대해 구체적으로 언급하신다. 그러나 요한복음 독자들은 예수께서 곧 하늘로 "올라가" 자기를 보내신 아버지께로 돌아가실 것이라는 사실을 알고 있다. 다시 한번 독자들은 7:28에서 예수께서 대적들에게 하신 말씀의 뜻을 이해하게 된다("너희가 나를 알고 내가 어디서 온 것도 알거니와 내가 스스로 온 것이 아니로라 나를 보내신 이는 참이시니"). 그는 자신의 지상 사역에 대해 언급하신 것이 아니라 자신이 하늘에서 오셨다는 사실에 대해 언급하셨다. 예수님은 또한 7:33에서 자신이 하늘로 가실 것이라는 사실에 대해 말씀하셨다. 이러한 대조는 8:14의 바리새인에 대한 대답에서도 나타난다: "나는 내가 어디서 오며 어디로 가는 것을 앎이어니와 너희는 내가 어디서 오며 어디로 가는 것을 알지 못하느니라." 이러한 하늘과 땅(위와 아래)의 이미지는 8:23에서도 분명히 제시되며 8:42("내가 하나님께로 나서 왔음이라"), 9:39("내가 심판하러 이 세상에 왔으니"), 10:36("하물며 아버지께서 거룩하게 하사 세상에 보내신 자가") 및 12:46("나는 빛으로 세상에 왔나니") 등에도 함축되어 있다. 이 마지막 네 본문은 인간 세상(아래 세상)과 예수님께서 오신 위의 세상(하늘)을 대조한다.

예수님의 고별 강화에서 하늘과 땅의 대조에 관한 함축은 여러 곳에서 나타나며(14:2, 28; 16:5, 10), 16:28에는 예수님께서 분명히 언급하신다: "내가 아버지께로 나와서 세상에 왔고 다시 세상을 떠나 아버지께로 가노라." 땅은 아버지가 계신 하늘과 대조된다. 예수님은 "아버지께서 내게 하라고 주신 일을 내가 이루어 아버지를 이 세상에서 영화롭게 하였사오니"(17:4)라고 선언하셨다. 이것은 예수님이 세상에서 떠나실 것을 분명히 말씀하신 11절에서 보다 분명히 제시된다: "나는 세상에 더 있지 아니하오나 저희는 세상에 있사옵고 나는 아버지께로 가옵나니"(cf. 13절). 빌라도와의 대화에서 예수님은 "내 나라는 이 세상에 속한 것이 아니라... 내 나라는 여기에 속한 것이 아니니라"(18:36)고 선언하셨다. 나중에 예수님은 빌라도에게 "위에서 주지 아니하셨더면 나를 해할 권세가 없었으리니"(19:11)라고 말씀하셨다.

지금까지 요한복음에 나타난 하늘과 땅의 이미지에 대해 살펴보았으나 이들은 대부분 "위"와 "아래"(8:23), "내려오다"와 "올라가다"(3:13; 6:33, 50-51, 58, 62) 및 "땅"(17:4, 하늘과 대조되는 개념으로)이라는 용어를 반복적으로 사용함으로 수직적 이미지를 제공하였다. 그러나 한편으로 수직적 요소가 강조되지 않는 경우도 있다. 예수님은 세상 밖 어디선가에서 세상으로 오셨다(1:9; 9:39; 10:36; 12:46; 16:28; 17:11; 18:36). 어느 경우이든 요한이 대조법을 사용하고 있는 것은 분명하다.

3) 육과 영

요한의 신학적 체계에서 크게 강조되지는 않지만 육과 영에 대한 대조도 종종 언급된다. 요한이 사용하는 "육"(sarx)이라는 개념 속에는 바울의 글에서 종종 볼 수 있는 죄의 개념은 나타나지 않는다. 이런 점에서 "말씀이 육신이 되어 우리 가운데 거하시매"라는 요한복음 1:14의 말씀은 매우 중요하다. 요한의 글에서는 이 단어가 예수님과 관련하여 사용되었기 때문에 "육"이라는 단어에 어떠한 죄의 개념도 관련시킬 수 없다. 오히려 이 단어는 1:14에서 볼 수 있는 대로 연약과 비천을 보여줄 뿐이다. 본문은 단순히 예수님께서 성육신을 통해 완전한 인간이 되셨음을 확인한다.

영과 육에 대한 가장 강력한 대조는 요한복음 3:6에 제시된다. 예수님은 니고데모에게 "육으로 난 것은 육이요 성령으로 난 것은 영이니"라고 말씀하신다. 따라서 육은 제한적이며, 육적인 노력으로나 그것 자체로는 영적인 생활을 할 수 없다. 오히려 사람은 "위로부터"(요 3:3, 7 NIV 난외주) 나야 한다. 즉 육적 출생과 대조되는 영적 출생을 경험해야 한다.[28] 본문의 육과 영의 대조는 3:12의 하늘과 땅의 대조와 어느 정도 평행을 이룬다. 본문에서 예수님은 "내가 땅의 일을 말하여도 너희가 믿지 아니하거든 하물며 하늘 일을 말하면 어떻게 믿겠느냐"라고 말씀하셨다.

3:6의 영과 육의 대조와 유사한 대조는 6:63의 "살리는 것은 영이니 육은 무익하니라"는 예수님의 말씀이다. 예수님께서 제자들에게 말씀하신 요지는

그의 가르침을 인간적으로 이해하면 깨달을 수도 없고 6:42, 52, 60에 언급된 것과 같이 반대만 할 뿐이라는 것이다. 본문의 대조는 절대적이다. 성령과 관련하여, 즉 영적 진리와 관련하여 단순한 인간적 깨달음은 무익할 뿐 아니라 미혹만 될 뿐이다. 이어지는 본문은 요한복음 3:12처럼 하늘과 땅을 대조한다(6:62).

4) 믿음과 불신

믿음과 불신(또는 예수님이나 믿음을 거절하는 것)은 종종 요한복음에서 구별하여 언급된다. 그러나 많은 경우에 이 둘은 함께 제시되며 또 하나의 대조법을 보여준다. 첫 번째는 요한복음 3:12에서 볼 수 있다. 예수님은 니고데모에게 "내가 땅의 일을 말하여도 너희가 믿지 아니하거든 하물며 하늘 일을 말하면 어떻게 믿겠느냐"고 말씀하셨다. 예수님은 하나님의 나라에 들어가기 위해 새로운 영적 출생이 필요함에 대해 말씀하는 중이셨다(3:3-8). 예수님은 자신의 증거가 유대 백성들에게 거절당하였음에 대해 말씀하셨다(11절). 12절에는 믿음과 불신에 대한 대조가 하늘과 땅의 대조(땅의 일… 하늘 일)와 함께 제시됨으로 이 이미지를 강조한다. 나중에 동일한 본문에서 믿음과 불신은 상호 배타적으로 다시 언급된다. 전자는 심판으로부터 피하게 할 것이며, 후자는 심판에 이르게 할 것이다. "저를 믿는 자는 심판을 받지 아니하는 것이요 믿지 아니하는 자는 하나님의 독생자의 이름을 믿지 아니하므로 벌써 심판을 받은 것이니라"(요 3:18). 이어서 19절은 빛과 어두움을 대조하며 믿음과 불신의 양극화를 다시 강조한다. 요한은 중간 지대가 없음을 다시 한번 보여준다.

믿음과 불신의 대조는 요한복음 3:36에서 약간 다른 용어를 사용하여 다시 반복된다: "아들을 믿는 자는 영생이 있고 아들을 순종치 아니하는 자는 영생을 보지 못하고 도리어 하나님의 진노가 그 위에 머물러 있느니라." 본문은 아들을 믿는 것과 아들을 순종하지 않는 것(불신과 같은 의미)을 대조

---

28) 요한복음 3:3, 7에는 헬라어 단어 *anōthen*을 포함한 곁말놀이가 사용되었다. 이것은 "위로부터"와 "다시"라는 의미를 가지며, 따라서 니고데모는 예수님의 영적 출생에 대해 오해했다.

한다. 믿음과 불신의 대조는 예수님께서 대적들인 유대 지도자들에게 말씀하신 5장 끝에서도 발견된다. 예수님은 그들에게 "모세를 믿었더면 또 나를 믿었으리니 이는 그가 내게 대하여 기록하였음이라그러나 그의 글도 믿지 아니하거든 어찌 내 말을 믿겠느냐"(5:46-47)라고 경고하셨다. 본문의 초점은 메시아에 관한 모세의 증거와 예수님 자신의 말씀에 대한 믿음이다. 유대 지도자들은 둘 다 거절하였다.

생명의 떡 강화에서 예수님은 하나님이 보내신 자로서 자신에 대한 믿음의 문제를 다시 거론하신다(6:29). 믿음과 불신의 대조는 35-36절의 예수님의 선언을 통해 다시 표면화된다: "내가 곧 생명의 떡이니 내게 오는 자는 결코 주리지 아니할 터이요 나를 믿는 자는 영원히 목마르지 아니하리라 그러나 내가 너희더러 이르기를 너희는 나를 보고도 믿지 아니하는도다 하였느니라."

요한복음의 일곱 가지 표적을 다룬 부분(1:19-12:50)의 끝 부분에서 복음서 기자는 예수님 자신의 가르침에 대해 예수님의 공생애를 요약하는 방식으로 믿음과 불신의 대조에 관한 내용을 제시한다. 요한은 예수께서 유대 백성들에게 모든 표적을 행하였음에도 불구하고 그들은 자신을 믿지 않았다고 말한다(12:37). 이것은 여호와의 사자가 거절을 당할 것이라는 이사야의 예언(사 53:1)에 대한 성취이다(요 12:38). 요한은 이러한 불신에 대해 하나님께서 심판을 위해 영적 소경과 귀머거리가 되게 하신 것이라고 설명한다(39-40절). 이와 같은 불신의 반응과 대조적으로 요한은 많은 사람들이, 심지어 유대 지도자들도 사실상 예수를 믿었다고 언급한다(42절). 이어서 요한은 아들을 믿는 것은 아버지를 믿는 것이라는 예수님 자신의 말씀을 인용한다(44절). 예수님은 빛과 어두움의 대조를 통해 자신의 주장을 설득력 있게 제시하였다: "나는 빛으로 세상에 왔나니 무릇 나를 믿는 자로 어두움에 거하지 않게 하려 함이로라"(46절). 이어서 거절(rejection)에 대한 주제로 돌아가 누구든지 자신을 거절하는 자는 마지막 심판에 처하게 될 것이라고 선언하셨다(48절). 예수님의 공생애에 대한 마지막 요약에서 요한은 두 가지 대조를 사용하고 있는데 그것은 믿음과 불신, 그리고 빛과 어두움이다. 아들을 거절하면 심각한 결과를 초래하며, 복음서 기자는 가능한 이 점을 강조하려 하였다.

믿음과 불신의 대조는 요한복음의 첫 번째 부분에서 두드러지나 사실상 두 번째 부분에서는 등장하지 않는다. 그 이유는 간단하다. 첫 번째 부분은 예수님의 공생애를 다루며, 예수님은 종종 대적들과 대화하신다(cf. 1:11). 그러나 두 번째 부분은 제자들에 대한 예수님의 비공개적 가르침(13-17장) 및 수난 기사(18-20장)에 초점을 맞춘다. 예수님을 배반하고 떠난 가룟 유다(13:30)를 제외한 제자들은 모두 믿는 자로 여겨졌으며 따라서 믿음과 불신이라는 주제는 더 이상 강조할 필요가 없었다. 수난 기사 역시 초점은 불신이 아니라 믿음에 있었다(20:8, 27, 29, 31).

5) 사랑과 미움

요한 문학에 나타난 또 하나의 대조는 사랑과 미움으로, 다른 대조들보다는 명확하지 않지만 요한의 사상을 이해하는데 매우 중요하다. 이것은 요한복음에서 단 한번 제시되지만 요한일서에서는 거듭해서 언급된다. 그 이유는 요한일서에 언급된 분쟁의 본질에 기인한다. 이 분쟁은 편지의 수신인인 정통 그리스도인들과 이단 대적들 사이에 일어났다. 요한에게 있어서 하나님에 대한 참 사랑은 그의 명령에 대한 순종과 형제들과의 사랑으로 나타난다(요일 3:10). 대적들의 사랑 없음과 불순종은 그들이 결코 참 성도가 아님을 보여준다(2:19, 23; 3:6, 8-9; 4:8).

(1) 요한복음에 제시된 사랑과 미움

요한복음의 사랑과 미움에 대한 언급은 대부분 예수님의 고별 강화에 나타난다. 이것이 당연한 이유는 이 강화가 주로 대적들이 아닌 제자들에게 하신 말씀이기 때문이다.[29] 사랑에 관한 말씀은 요한복음 13:34-35에 처음으

---

[29] 요한복음 13:34에서 제자들의 사랑에 대한 첫 번째 언급은 배반자 가룟유다가 떠난 13:30에 이어진다.

로 언급된다. 본문에서 예수님은 제자들에게 서로 사랑하라는 새 계명을 준다. 사랑의 모델은 그들에 대한 예수님의 사랑이다("내가 너희를 사랑한 것 같이"[34절]). 제자들은 서로 사랑함으로 모든 사람에게 그들이 예수님의 제자인 것을 증거하게 될 것이다(35절).

이어지는 장에는 예수님을 사랑하고 그의 말씀에 순종하라는 언급이 여러 번 제시된다. 예수님은 사랑과 순종의 관계에 대해 14:15에 분명히 제시하셨다: "너희가 나를 사랑하면 나의 계명을 지키리라." 14:21("나의 계명을 가지고 지키는 자라야 나를 사랑하는 자니") 및 14:23("사람이 나를 사랑하면 내 말을 지키리니")에서 사랑은 순종과 연결된다. 이러한 상호성은 예수님에 의해 14:24에 언급되었다: "나를 사랑하지 아니하는 자는 내 말을 지키지 아니하나니." 인간적 관점에서 볼 때 누가 참으로 예수님을 사랑하는지 알기란 어렵다. 그러나 그가 예수님의 가르침을 순종하는지는 쉽게 알 수 있다. 예수님에 대한 참된 사랑이 표출되는 두 가지 방식은 제자들 간에 서로 사랑하는 것(13:35)과 예수님의 계명을 지키는 것(14:15, 21, 23)이다. 어순은 다르나 요한복음 15:10에도 동일한 주제가 나타난다: "내가 아버지의 계명을 지켜 그의 사랑 안에 거하는 것같이 너희도 내 계명을 지키면 내 사랑 안에 거하리라." 예수께서 구체적으로 언급하신 명령(13:34-35에서 처럼)은 그가 제자들을 사랑하신 것같이 서로 사랑하라는 것이다(15:12[15:17에서 반복된다]). 따라서 요한복음 14:15, 21, 23 및 14:24(부정적 의미에서)은 순종(서로 사랑하라는 명령에 대한 구체적인 순종)이 예수님에 대한 사랑의 진위를 가름하는 잣대임을 제시한다.

요한복음 15:17에서 사랑에 대한 계명을 반복한 후에 바로 이어서 예수님은 세상이 제자들을 미워할 것이라는 말씀을 하신다: "세상이 너희를 미워하면 너희보다 먼저 나를 미워한 줄을 알라"(18절). 이와 같이 사랑과 미움에 대한 주제는 요한복음에서 처음이자 유일하게 함께 제시된다. 예수님은 이어서 제자들에게 왜 세상이 그들을 미워하는지를 설명하신다: "너희가 세상에 속하였으면 세상이 자기의 것을 사랑할 터이나 너희는 세상에 속한 자가 아니요 도리어 세상에서 나의 택함을 입은 자인 고로 세상이 너희를 미워하느니라"(19절). 사랑과 미움이 함께 제시된 예는 요한복음에 흔하지 않지만 15:17-19에 제시된 대로 그것이 바로 예수님에 대한 참 사랑의 "시금석"이 되기 때문에 요한의 대적들에게는 매우 중요하다. 한편으로 예수님의 참 제자들은 서로 사랑할 것이나, 또 한편으로 그들은 더 이상 세상에 속하지 않기 때문에 세상은 그들을 미워할 것이다. 이 주제는 요한서신에서 보다 길게 제시된다. 정통 기독론을 가진 참 그리스도인들은 서로 사랑할 것이나, 분파주의적 대적들은 하나님을 사랑한다고 주장하나 형제를 사랑하지 않음으로 거짓이 드러날 것이다(cf. 요일 3:17-20).

세상이 신자를 미워할 것이라는 내용은 예수님에 의해 요한복음 16:1-4에 다시 언급된다. 본문에서 예수님은 세상이 제자들을 미워하기 때문에 장차 그들이 박해를 받게 될 것이라고 말씀하신다. 끝으로 16:27에서 예수님은 제자들에게 "이는 너희가 나를 사랑하고 또 나를 하나님께로서 온 줄 믿은 고로 아버지께서 친히 너희를 사랑하심이니라"고 선언하셨다. 따라서 예수님을 사랑하는 것과 그의 주장을 믿는 것 역시 밀접한 관계가 있다.

(2) 요한서신에 제시된 사랑과 미움

요한은 서신에서 사랑과 미움에 대한 대조를 광범위하게 전개한다. 사랑에 대한 내용이 처음으로 언급된 본문은 요한일서 2:5이다(요 14:21, 23에서처럼, 순종과 관련하여 언급된다). 사도요한은 요한일서 2:3에서 "우리가 그의 계명을 지키면 이로써 우리가 저[예수 그리스도; cf 2:1-2]를 아는 줄로 알 것이요"라고 분명히 언급한다. 따라서 참 신자에게는 그리스도의 계명(특히 서로 사랑하라는 계명; cf. 2:7-8의 "새 계명")을 지키는 것이 그리스도와의 참된 관계에 있다는 확신의 근거를 제공한다. 4절에서 요한은 이와 반대적 상황에 대해 제시한다. 그리스도를 안다고 하면서 그의 계명을 지키지 않는 자는 거짓말하는 자이다. 즉 그리스도와의 참된 관계가 형성되어 있지 않으면서 그리스도를 안다고 주장하는 자이다. 5절에 언급된 사랑은 하나님의 사랑으로 묘사되며, 그리스도의 말씀을 지키는 자들 속에서 완성된다.

요한복음 14:15, 21, 23에서처럼 순종은 참된 사랑과 연결되며, 예수님의 계명에 대한 순종은 그를 사랑한다는 고백의 진위 여부를 알려준다. 사도 요한은 요한일서 2:6에서 한 걸음 더 나아가 "저 안에 거한다 하는 자는 그의 행하시는 대로 자기도 행할지니라"고 선언한다. 예수님의 계명에 대한 순종에는 그의 지상 사역에서의 행위를 본받는 일이 포함된다. 예수님의 계명을 지킨다고 주장하면서 예수님의 지상에서의 삶을 따르지 않는 자는 거짓말하는 자이다(4절). 마찬가지로 이단적 기독론을 주장하는 분리주의 대적들은 이러한 주장을 하면서 요한서신의 수신자인 참 신자들에게 혼란을 주었던 것이다. 대적들은 예수님의 지상에서의 삶을 그리스도인들이 따라야 할 삶의 모범으로 삼기를 거절하였다. 이것은 그들의 기독론이 예수님의 완전한 인성을 부인하거나 무시하기 때문이다.[30]

본문에 이어 첫 번째 사랑/미움의 대조가 요한일서 2:9-11에 제시된다. 본문에서 서로 사랑하라는 예수님의 계명에 대한 순종 여부는 그리스도와의 진정한 관계를 가리는 시금석이 된다(본문의 빛/어두움의 이미지에 대해서는 이미 논의한 바 있다). "빛 가운데", 즉 그리스도와 관계를 주장하며 형제를 미워하는 자는 여전히 "어두움 가운데" 있는 자이며 그의 주장은 거짓이다. 그러나 형제를 사랑하는 자는 "빛 가운데 거하여" 빛으로 나아오는 자(cf. 요 3:21)이며, 이제 그 가운데 사는 자들이다. 이어지는 구절에서 요한은 다시 어두운 가운데 있는 자들에 대해 언급하며 그것을 보다 확장한다. 그들은 "어두운 가운데 있고 또 어두운 가운데 행하며 갈 곳을 알지 못하나니 이는 어두움이 그의 눈을 멀게 하였음"이다(요 2:11). 이들은 요한복음(특히 9:39-41)의 예수님의 대적들과 유사한 영적 소경들이다. 유대 지도자들과 같이 예수님의 지상 사역의 대적들은 그를 거절함으로 영적 소경됨을 나타내었다. 마찬가지로 요한일서의 분리주의 대적들은 요한의 독자들을 사랑하지 아니하고 거절함으로서 스스로 영적 소경된 자들임을 드러내었던 것이다.

---

30) 종종 가현설(Docetic)로 묘사되는 대적들의 기독론은 하늘의 그리스도와 인간 예수를 구별하며, 성육신의 실체를 부인한다.

요한일서 2:15에는 사랑과 미움이 서로 대치되지 않으나 두 종류의 서로 다른 사랑이 대조를 이룬다: "누구든지 세상을 사랑하면 아버지의 사랑이 그 속에 있지 아니하니." 대적들은 세상을 사랑한 죄가 있다. 그러나 사도 요한이 말한 대로 세상에 대한 사랑과 하나님에 대한 사랑은 상호 배타적이다. 세상을 사랑하는 자는 그들의 주장과 관계없이 하나님에 대한 그들의 사랑이 거짓임이 다시 한번 제시된다.

요한일서 3:11-20에는 사랑과 미움에 관한 내용이 육신에 대한 사랑과 관련하여 동일한 본문 안에 여러 번 함께 제시된다. 요한은 서로 사랑하라는 예수님의 명령을 반복한다(11절; cf. 요 13:34-35). 이어지는 절에는 가인이 동생 아벨을 죽인 사건이 형제를 미워하는 하나의 부정적인 예로 제시되었다(요일 3:12). 이러한 견지에서 요한은 독자들에게 세상이 그들을 미워하더라도 이상히 여기지 말라고 상기시킨다(13절). 14절은 두 가지의 주장을 한다. 하나는 형제를 사랑하는 것이 영생의 증거가 된다는 것이고(cf. 요일 2:3 및 요 14:15, 21, 23), 또 하나는 형제를 사랑하지 않는 자는 사망(영적 사망)에 거한다는 것이다. 사도 요한에게 있어서 이 두 번째 주장은 요한서신의 독자들을 거절하고 그들을 형제로 사랑하지 않음으로 여전히 사망에 거하고 있던 분리주의 대적들에 대한 또 하나의 묘사이다. 요한일서 3:15은 형제를 사랑하지 않는 자는 살인자(가인과 같이; cf. 12절)이며 살인자에게는 영생이 거하지 아니한다고 주장함으로 동일한 사상을 한 걸음 더 진전시킨다.

미워하는 자의 부정적인 예(가인과 분리주의 대적들)를 든 후에 요한은 예수 그리스도 자신에 대한 긍정적인 예로 돌아간다. 그는 "우리를 위하여 목숨을 버리신"(16절) 자이다. 이러한 희생적 사랑의 예로부터, 신자들은 이웃을 위해 목숨을 버려야 한다는 말씀이 제시된다. 요한은 이러한 내용을 3:17-18에서 분명히 제시한다. 물질적으로 궁핍한 형제를 보면 도와주어야 한다. 독자들은 "말과 혀로만 사랑하지 말고 오직 행함과 진실함으로" 서로 사랑해야 한다. 이와 같이 행함과 진실함으로 형제를 사랑하는 것은 하나님과의 진정한 관계를 보장하는 더욱 확실한 근거가 된다(3:19-20).

이와 유사한 사상이 요한일서 4:7-12에서 발견된다. 본문에는 미움에 관한 언급이 없으나, 하나님께로 난 자들에 대한 사랑과 사랑하지 않는 것이 대조된다. 전자는 그가 "하나님께로 나서 하나님을 아는"(7절) 자임을 보여준다. 이것은 영적으로 출생하여 하나님과의 참된 관계에 있는 자에 대한 묘사이다. 반대로 "사랑하지 아니하는 자는 하나님을 알지 못하는"(8절) 자이다. 9-10절에서는 하나님이 그 아들을 우리의 죄를 위한 화목제물로 보내셨다는 사실이 긍정적인 사랑의 예로 제시되었다(cf. 요 3:16). 신자들은 이러한 하나님의 사랑에 감동하여 서로 사랑해야 한다(요일 4:11-12).

요한은 4:16-5:3에서 다시 이 주제로 돌아온다. 요한은 "사랑 안에 거하는 자는 하나님 안에 거하고 하나님도 그 안에 거하시느니라"(4:16)고 하였다. 이것은 단순히 형제에 대한 사랑이 곧 하나님과의 진정한 관계에 있음을 보여준다는 것을 나타낸다. 누구든지 하나님을 사랑한다고 주장하면서 형제를 미워하는 자는 거짓말하는 자이다(4:20; cf. 1:6; 2:4, 9-11; 3:14-15; 4:8). 새로운 계명 자체는(cf. 요 13:34-35) 사도들에 의해 재해석되었다: "하나님을 사랑하는 자는 또한 그 형제를 사랑할지니라"(요일 4:21).

성도들에 대해 서로 사랑하라고 한 계명은 요한이서 5-6절에서 다시 한번 언급되며, 본문에서도 역시 사랑은 순종과 연결된다: "또 사랑은 이것이니 우리가 그 계명을 좇아 행하는 것이요"(요이 6절). 계명은 서로 사랑하는 것이며(5절) 그 가운데서 행하는 것이다(6절). 형제에 대한 사랑은 요한삼서 5-8절에도 언급된다. 본문에서는 형제를 섬기는 일, 특히 선교를 위해 나그네 된 자들을 물질적으로 돕는 것을 칭찬하고 격려한다.

8. 요한의 구원론

하나님의 구원 계획에 대한 수행은 요한복음의 중요한 주제 가운데 하나이다. 요한은 독자들에게 끊임없이 "예수는 누구신가"라는 질문을 던진다.

이 질문에 대한 대답과 복잡하게 얽힌 문제가 바로 보내심을 받은 아들이 아버지께로부터 받은 사명이다. 이에 관한 내용은 요한복음 3:16-17에 가장 잘 나타나 있다: "하나님이 세상을 이처럼 사랑하사 독생자를 주셨으니 이는 저를 믿는 자마다 멸망치 않고 영생을 얻게 하려 하심이니라 하나님이 그 아들을 세상에 보내신 것은 세상을 심판하려 하심이 아니요 저로 말미암아 세상이 구원을 받게 하려 하심이라." 요한서신과 계시록은 하나님의 구원 계획의 일부로서 예수님의 죽음에 담긴 희생적 본질을 강조한다.

1) 예수님의 죽음: 요한의 십자가 신학

예수님의 인격에 관한 요한의 제시가 뚜렷한 특징과 강조점을 가지고 있듯이, 예수님의 십자가 죽음 및 그것이 주는 유익에 대한 요한의 제시도 마찬가지이다. 특별히 요한은 예수님의 십자가를 그의 사역의 핵심적 부분으로 보았다. 즉 그로 말미암아 예수님은 그를 보내신 아버지께로 돌아가심을 성취한다. 이것은 요한복음 17:4에 언급된 주님의 기도에서도 언급된다. "아버지께서 내게 하라고 주신 일을 내가 이루어 아버지를 이 세상에서 영화롭게 하였사오니." 요한은 성취에 관한 이 주제를 예수님께서 십자가에 달리실 때에 다시 기록한다. "이 후에 예수께서 모든 일이 이미 이룬 줄 아시고 성경으로 응하게 하려 하사 가라사대 내가 목마르다 하시니"(19:28).

(I) 하나님의 계획의 일부로서 예수님의 죽음

예수님의 십자가에서의 희생적 죽음은 그를 통한 하나님의 인류 구원 계획의 핵심적 내용이기 때문에 요한복음이 예수님의 체포와 심문 및 십자가에서의 죽으심을 우연한 일로 보지 않고 미리 예정된 것으로 보았다는 것은 당연한 일이다. 요한복음 전체를 통해 예수님은 점차 다가오는 그의 "때"에 대해 끊임없이 언급하신다. 이러한 언급은 가나의 혼인 잔치에서 어머니에게 "내 때(NIV는 NASB와 달리 hour를 time으로 번역한다)가 아직 이르지 못하였나이다"(2:4)라고 말씀하신 것으로부터 시작한다. 예수님은 제자들에게 예루살렘에 올라가지 않는 이유를 말씀하시면서 동일한 언급을 하신다(7:6, 8). 예수께서 예루살렘에 올라가신 후 요한은 유대 권력자들이 그를 체포하지 못한 것은 그의 때가 아직 이르지 아니하였기 때문이라고 설명한다(30절). 예수께서 성전 연보 궤 앞에서 가르치실 때에 잡히지 않은 것 역시 동일한 이유 때문이다(8:20). 예수님의 공생애 막바지에 일부 헬라인들의 질문에 예수님은 "인자의 영광을 얻을 때가 왔도다"(12:23)라고 대답하셨다. 이 말씀에 이어 예수님은 한 알의 밀이 땅에 떨어져 죽어야 많은 열매를 맺을 수 있다고 하셨다(24절). 예수님의 임박한 죽음으로 많은 사람들이 그를 믿게 될 것이다. 몇 절 뒤에 예수님은 다가오는 때, 즉 임박한 죽음을 맞이하여 "아버지여 나를 구원하여 이 때를 면하게 하여 주옵소서"라고 기도하였으나 결국 "내가 이를 위하여 이 때에 왔나이다"(27절)라는 결론을 내리셨다. 예수님의 사명(3:17)은 언제나 십자가와 관련되어 있었으며 이것은 그의 사역 초기부터 그의 앞에 제시되어 있었던 것이다.

12:32에서 예수님은 다시 한번 자신의 죽음에 대해 언급하셨다. "내가 땅에서 들리면 모든 사람을 내게로 이끌겠노라 하시니." 이어지는 구절의 주석적 언급은 본문이 예수님의 죽음의 형태(예를 들면, 십자가 처형)에 관한 말씀으로 해석해야 한다는 것을 말해준다. 또한 본문에는 "들리다"(lift up)라는 단어의 의미에 대한 곁말놀이도 찾아볼 수 있다.[31] 즉 본문은 예수께서 십자가에 달리신다는 의미 외에도 성부의 우편에 앉는 승귀에 관한 언급이기도 하다. 이것은 요한에게 있어서 예수께서 아버지께로 돌아가심의 한 중요한 과정이다. 요한복음 12:35-36에서 예수님은 자신이 세상의 빛으로서 곧 세상을 떠날 것임을 암시하심으로 임박한 죽음을 예고하였다.

예수님이 다락방에서 하신 말씀 가운데는 자신의 임박한 죽음에 관한 언급이 여러 번 제시된다. 이것은 모두 하나님의 계획에 속한다. 가장 극적인 예는 요한복음 13:1이다. "유월절 전에 예수께서 자기가 세상을 떠나 아버지께로 돌아가실 때가 이른 줄 아시고" 예수님의 체포와 심문, 그리고 십자가에서의 죽음은 예기치 못한 일이 아니었다. 예수님은 이러한 과정을 통해 아버지께로 가신다. 가룟유다의 배반에 대한 예고(13:21-27)는 예수님의 죽

---

31) "들리다"라는 단어의 곁말놀이는 요한복음 3:14 및 8:28에서도 찾아볼 수 있다.

음이 전적으로 계획된 것임을 보여주는 또 하나의 예이다. 이어지는 강화에서 예수님은 자신의 죽음을 여러 번 암시하셨다(요 13:36; 14:2, 12, 19, 28; 16:5, 16, 28).[32] 예수님은 이 강화의 끝 부분에 언급된 기도를 통해 다시 한번 자신의 때가 이르렀음을 언급하시고(17:1) 자신에게 맡기신 하나님의 일을 이루었다고 말씀하셨다(4절). 세상을 떠나 아버지께로 가신다는 언급은 매우 분명하다(11, 13절). 모든 증거는 요한복음에 언급된 예수님의 죽음이 결코 우연이나 운명의 조화가 아니라 하나님의 구원 계획의 일부이자 자신의 받은 사명의 절정이었음을 보여준다. 자신의 지상 사역이 십자가에서 끝날 것을 잘 알고 계셨던 예수님은 조금도 동요치 않고 이 목적을 향해 나아가셨다.

(2) 요한복음에 나타난 자발적인 죽으심

예수님의 십자가 죽음이 하나님의 구원 계획의 일부로서 이미 예고된 것이었다는 언급과 함께 그의 죽음이 자발적이었음을 보여주는 본문들이 있다. 이것을 가장 분명히 보여주는 예는 선한 목자 강화(요 10:1-21)이다. 예수님은 먼저 11절에서 자신의 죽음의 자발적 성격에 대해 언급하신다. "나는 선한 목자라 선한 목자는 양들을 위하여 목숨을 버리거니와." 이 내용은 15절에서 다시 반복된다. "아버지께서 나를 아시고 내가 아버지를 아는 것 같으니 나는 양을 위하여 목숨을 버리노라." 그러나 보다 강력한 언급은 17-18절이다. "아버지께서 나를 사랑하시는 것은 내가 다시 목숨을 얻기 위하여 목숨을 버림이라 이를 내게서 빼앗는 자가 있는 것이 아니라 내가 스스로 버리노라." 예수께서 기꺼이 자신의 생명을 버리시겠다는 언급은 "사람이 친구를 위하여 자기 목숨을 버리면 이에서 더 큰 사랑이 없나니"(15:13)라는 언급에서도 잘 나타난다.

---

32) 예수님의 고별 강화가 어디에서 시작하는지에 대해서는 학자마다 의견이 다르다. 새로운 장이 시작되는 14:1부터라고도 주장하나 13:31부터가 적절하다. 배반자 가롯 유다가 밤에 나간 것은 13:30이다. 예수님은 그 때부터 남아 있는 제자들에게 말씀을 시작하셨다. Carson, *The Gospel According to John*, 476, 77을 참조하라.

요한복음의 수난 기사에도 예수님의 죽음의 자발적 성격이 함축되어 있다. 사람들은 예수께서 십자가를 향하여 거침없이 나아갈 수 있도록 모든 상황을 조성한 것은 가룟 유다나 안나, 또는 빌라도가 아니라 바로 예수님 자신이었다는 강한 인상을 받게 된다. 예수께서 잡히시던 날 그를 잡으러 왔던 가룟 유다와 군인들 및 유대 지도자들은 예수께서 자신임을 밝히자("내로라") 모두 땅에 엎드러졌다(요 18:6). 실제로 예수님은 그들에게 제자들을 보내라고 명하셨다(8절). 빌라도의 심문에 예수님은 두 번이나 "위에서 주지 아니하셨더면 나를 해할 권세가 없었으리니"(19:11)라고 말씀하셨다. 십자가에서 예수님은 제자들 가운데 하나에게 모친의 부양을 부탁하셨다(26-27절). 결국 예수님의 죽음 자체도 자발적이었다. 모든 일이 이미 이룬 줄 아신(28절) 예수님은 "다 이루었다"(30절)고 말씀하신 후 군인들이 다리를 꺾기 전에 영혼이 돌아가셨다. 이와 같이 예수님은 심지어 죽음의 순간까지도 자발적이었던 것이다.

(3) 요한복음에 나타난 예수님의 희생적 죽음

제사와 관련된 어휘나 이미지는 요한복음의 여러 본문에서 예수님의 죽음과 연결된다. 예수님의 공생애가 시작될 때 세례 요한은 그가 하나님의 어린 양이라고 선언하였다(요 1:29, 36). "하나님의 어린 양"이라는 호칭에 대해서는 앞에서 길게 논의한 바 있다. 이 호칭의 배경이 이사야 53:7의 고난 받는 종이든, 출애굽기 12:1-28의 유월절 어린 양이든, 중요한 것은 그 속에 희생적 이미지가 담겨 있다는 것이다. 요한복음 1:29의 호칭을 수식하고 있는 "세상 죄를 지고 가는"이라는 요한의 언급은 확실히 본문에 나타난 희생적 이미지를 보여준다.

예수님의 죽음에 담긴 희생적 이미지를 함축하고 있는 또 하나의 본문은 생명의 떡 강화에 언급된 요한복음 6:51이다. 예수님은 "나의 줄 떡은 곧 세상의 생명을 위한 내 살이로라"고 선언하셨다. 이 구절은 예수님의 죽음(자신의 "살"을 주는 것)에 대해 어떠한 간접적인 암시 없이 제시한다. 이것은 "세상의 생명"을 위하여 주어졌기 때문에 본문에는 희생적 의미가 담겨 있다.[33)]

(4) 요한서신과 계시록에 나타난 예수님의 희생적 죽음

요한일서에서 예수 그리스도의 사역을 희생적 개념과 연관시킨 본문은 두 곳 있다. 첫 번째 본문은 요한일서 2:1-2이다. 본문에서 예수님은 "의로우신" 예수 그리스도로 불리며 "우리 죄를 위한 화목제물이니 우리만 위할 뿐 아니요 온 세상의 죄를 위하심"이라고 언급한다. "속죄 제물"(atoning sacrifice)이라는 NIV의 번역은 엄밀히 말해 "화목 제물"(propitiation)이라는 전문용어를 사용해야 한다.34) 화목 제물의 개념은 단순히 죄를 없이하고 죄인을 정결케 하는 것만을 의미하지 않는다. 그것은 실제로 진노로부터 벗어나게 한다. 즉 죄인에 대한 하나님의 진노에서 벗어나게 된다. 중요한 것은 요한일서 본문에서 예수 그리스도가 "대언자"(요일 2:1[NASB]; NIV는 "우리를 변호하는 자"로 번역)로 불린다는 것이다. 대언자란 죄인들을 향한 하나님의 진노가 현재적 실체가 된 경우에만 요구된다. 요한일서 4:10에는 동일한 화목제물의 개념이 제시된다. 본문은 하나님 자신이 아들을 화목제물로 보내셨기 때문에 중요하다(cf. 요 3:16-17). 요한일서 2:2이나 4:10은 예수님의 죽음에 대해 분명히 명시하지는 않지만 본문에 언급된 화목제(화목제물)는 예수님의 십자가 죽음을 의미한다는 것은 분명하다. 요한일서 1:7은 "그 아들 예수의 피"가 믿는 자들을 죄에서 깨끗케 하실 것이라고 말한다. "피"는 예수님의 죽음에 대한 언급이다.

요한계시록에는 요한복음이나 요한서신에 제시된 희생적 이미지가 계속된다. 앞에서 언급한 대로 요한계시록에 광범위하게 스며 있는(예수님의 호칭으로 27번 언급된다) 양의 이미지는 확실히 희생적 개념을 가지고 있다. 특히 요한계시록 5:6에서 요한은 "내가 또 보니 보좌와 네 생물과 장로들 사이에 어린 양이 섰는데 일찍 죽임을 당한 것 같더라"고 하였다. 요한계시록에서 희생적 이미지를 가진 다른 본문은 요한계시록 1:5이다. 본문은 예수님에 대해 "우리를 사랑하사 그의 피로 우리 죄에서 우리를 해방하시고"라

---

33) "세상"이나 "구주"는 모두 요한복음 4:42과 연결된다. 요한일서 2:2 역시 "온 세상의 죄를 위한" 그리스도의 희생에 대해 분명히 보여준다.
34) 로마서 3:25에는 이와 동일한 헬라어가 사용되었다. 이에 대해 NIV의 난외주는 "하나님의 진노를 거두게 하시고 죄를 없이 하실 자"로 번역한다.

고 언급한다. 여기서도 피는 예수님의 십자가 죽음을 지칭하며 죄에서 해방된 것은 속죄의 개념과 연결된다. 이 두 가지 개념이 합쳐 희생적 이미지를 제시한다.

2) 요한복음에 제시된 제자들의 단계적 믿음

어떤 의미에서 요한복음에 언급된 제자들(가룟 유다를 제외하고)은 예수님의 공생애 사역 초기부터 그를 믿었던 자들이라고 할 수 있다. 그러나 한편으로 제자들의 믿음은 예수님의 공생애 사역이 진행되면서 점차 성장하고 발전해 갔다고도 볼 수 있다. 우리는 요한복음을 통해 이러한 발전 과정을 추적해 볼 수 있다.

예수님이 세례 요한으로부터 세례를 받으신 직후, 세례 요한의 제자 가운데 두 명이 예수님의 제자가 되었다(요 1:35-39). 예수님과 하루를 보낸 후 두 사람 가운데 하나인 안드레는 형제 시몬 베드로를 찾아가 "우리가 메시아를 만났다"(41절)라고 하였다. 안드레와 다른 한 제자가 어떤 의미로 메시아라고 했는지는 정확히 알 수 없다. 그러나 그들의 선생이었던 세례 요한의 메시아관은 구약성경에 확실한 뿌리를 내리고 있었다(23절). 따라서 그들은 메시아에 대해 구약성경의 예언을 성취하고 이스라엘을 회복할 자로 기대했다고 볼 수 있다. 이것은 적어도 예수님에 대한 그들의 믿음이 그가 메시아라고 인식할 만큼은 되었다는 것을 보여준다.

예수님이 누구신가에 대한 제자들의 개념의 다음 단계에 대해 들여다 볼 수 있는 통찰력은 나다나엘과의 대화에서 찾을 수 있다. 나다나엘을 찾아간 빌립은 "모세가 율법에 기록하였고 여러 선지자가 기록한 그이를 우리가 만났으니 요셉의 아들 나사렛 예수니라"(1:45)고 말하였다. 이것은 첫 번째 제자들의 메시아관이 구약성경에 깊이 뿌리내리고 있었음을 보여준다. 나다나엘의 첫 번째 반응은 회의적이었으며, 특히 예수님의 고향인 나사렛에 대해 의구심을 가졌다(46절). 그러나 예수님을 만난 후 나다나엘의 생각은 바뀌었다. 그는 "랍비여 당신은 하나님의 아들이시요 당신은 이스라엘의 임금이로소이다"(49절)라고 하였다. 본문에는 예수님에 대한 세 가지의 새로운 호칭이 소개되고 있다. "랍비"(Rabbi)라는 호칭은 나다나엘이 예수님을 선생이자 영적 지도자로 보았다는 말이다. "하나님의 아들"(Son of God)이라는 호칭을 사용한 부분에 대해서는 정확히 설명하기 어렵다. 요한이 복음서 결론 부분(20:31)에 제시한 본서의 기록 목적에 해당하는 완전한 의미가 이 표현 속에 담겨 있다고 보기는 어렵다. 당시 나다나엘은 예수님이 누구신가에 대해 이와 같이 포괄적인 관점을 가지고 있지는 않은 듯 하다. 이것은 특히 그가 이 호칭을 "이스라엘의 임금"(King of Israel)이라는 다른 호칭과 연결하고 있는 것을 보아 알 수 있다. 아마도 나다나엘은 이 호칭을 주로 메시아적 함축이 담긴 의미로 사용하였을 것이다. 이러한 함축은 사무엘상 26:17, 21, 25; 사무엘하 7:14 및 특히 다윗의 아들 됨과 다윗의 후손을 연결한 시편 2:7 등의 구약성경 본문으로부터 나온 것이다. 나다나엘이 성부와 성자의 관계에 대한 완전한 의미를 파악하고 "하나님의 아들"이라는 표현을 사용했다고 보기는 어렵다. 이러한 의미는 요한복음 서문에 이미 제시되어 있으며 보다 분명한 의미는 나중에 드러난다. 그럼에도 불구하고 나다나엘은 "자신이 알고 있는 것보다 더 많은 진리"에 대해 말하였으며, "하나님의 아들"이라는 호칭이 가지는 진정한 의미에 대해 어렴풋이 알고 있는 요한복음의 독자들은 실제로 나다나엘이 그런 뜻으로 말한 것으로 인식하게 된다.

나다나엘이 사용한 세 번째 호칭인 "이스라엘의 임금"은 요한복음에서 예수께서 예루살렘으로 승리의 입성을 하실 때 다시 한번 예수님에게 적용되었다(요 12:13). 나다나엘이 이 호칭을 사용한 본문은 거의 메시아적 의미로 사용되었다. 물론 나중에 예수님은 빌라도에게 자신의 나라는 이 세상에 속하지 않았다(18:36)고 말씀하신다. 결론적으로 나다나엘은 예수님이 누구신가에 대한 고백을 통해 상당히 진일보한 믿음의 개념을 가지고 있었다. 이러한 진전은 예수께서 초자연적 지식을 드러내 보여주신 데 기인한다(cf. 1:48). 그럼에도 불구하고 그의 고백의 밑바탕에는 예수님은 하나님의 기름 부음 받은 메시아로서 다윗 왕권의 계승자라는 인식이 깔려 있다.

제자들의 믿음의 다음 단계는 요한복음 2:11에 언급된다. 예수님은 가나의 혼인 잔치에서 물로 포도주를 만드신 기적을 통해 자신의 영광을 나타내셨으며 제자들은 그를 믿었다. 확실히 제자들만이 이 기적의 유일한 증인은 아니었다. 요한은 물 떠온 하인들이 이 사실을 알았다고 분명히 언급한다. 하인들이 무슨 생각을 했는지, 혹은 그들이 예수님을 믿었는지에 대해서는 언급하지 않았다. 그러나 예수님은 "그 영광을 나타" 내셨으며(2:11), 제자들은 이미 예수님을 메시아로 생각하고 있었기 때문에 이 표적을 보고 믿었을 것이다. 예수께서 가나에서 행하신 표적은 이스라엘의 역사에 전례가 없었던 것은 아니다. 모세와 아론은 출애굽시 바로의 궁정에서 기적을 행하였으며(출 7:8-13), 나중에 엘리야(왕상 17:8-24; 18:20-40)와 엘리사(왕하 4:1-7, 18-37; 5:8-14)도 이러한 기적을 행하였다. 예수님의 제자들은 당시의 기적에 대해 이러한 전례를 따라 하나님께서 그를 메시아로 인정한 것으로 보았다. 나중에 예수께서 부활하신 후에야 제자들은 그가 "모세보다 큰 자"였음을 알게 되었던 것이다.

제자들의 단계적인 믿음에 대한 통찰력을 제공하는 또 하나의 본문은 요한복음 2:17이다. 예수께서 성전을 정화하신 후(13-22절) 요한은 "제자들이 성경 말씀에 주의 전을 사모하는 열심이 나를 삼키리라 한 것을 기억하더라"(17절)고 하였다. 이 말씀은 시편 69:9에서 나온 것이다. 본문에서 다윗은 하나님과 성전을 위해 당하는 박해로 인해 하나님께 절망적으로 부르짖는다. 요한은 제자들이 성전 정화 사건 당시나 그 후 예수께서 부활하신 후에라도 이러한 배경을 기억하고 있었는지에 대해서는 정확히 언급하지 않는다.[35] 만일 제자들이 그 사건 당시나 직후에 시편 69:9의 말씀을 기억했더라면 예수께서 아버지의 집에서 보여준 열심에 초점을 맞추었을 것이며, 그것을 통해 그가 약속된 메시아임을 더욱 확실히 믿었을 것이다.

---

[35] 성전 함락에 관한 예수님의 언급(요 2:19)에서 요한은 제자들이 예수께서 부활하신 후에야 그의 말씀을 기억했다고 말하나(2:22), 2:17의 경우 이러한 언급이 없다.

제자들이 예수님의 사역을 어떤 시각에서 바라보았는지를 보여주는 또 하나의 본문은 요한복음 3:31-36이다. 본문에서 예수님은 하늘로부터 오심이 분명히 언급되며(31절) 이것은 아버지와의 관계를 보여준다(35절). 더욱이 아들에 대한 믿음의 결과는 영생이며 그를 순종하지 않는 자는 하나님의 진노 아래 놓이게 된다(36절). 당시 제자들이 예수님의 신분에 관한 이 언급을 이해했다면 예수께서 부활하시기 전에 그가 누구신가에 대해 지금까지보다 더욱 많이 깨달았을 것이다. 그러나 그렇지 않았을 것이라고 추측할 수 있는 몇 가지 이유가 있다. 첫째로, 이 말씀은 종종 3:27-30에 이어 세례 요한의 증거가 계속되고 있는 것으로 생각하지만, 사실 본문은 복음서 기자가 먼저 있었던 대화에 나타난 예수님에 대한 세례 요한의 언급과 니고데모의 언급을 요약하여 설명적으로 제시한 내용으로 볼 수 있다. 둘째로, 만일 본문이 세례 요한의 말이라고 하더라도 이것은 예수님의 제자들에게 한 말이 아니라 자신(세례 요한)의 제자들에게 한 말이다(25-26절). 따라서 당시 예수님의 제자들에게는 어떤 말씀이 주어졌는지는 알 수 없다는 것이다. 셋째로, 세례 요한은 이미 하나님으로부터 받은 계시를 받는 선지자적 능력이 있었으며(1:33), 따라서 본문이 그의 말이라면 이것 역시 동일한 종류의 계시적 언급일 것이다. 예수님 자신이 직접 말씀하지 않은 이상 당시 제자들이 이러한 통찰력을 공유하였다는 암시는 없다. 그들이 이러한 내용을 깨닫고 있었느냐의 여부는 별개의 문제이다.

요한복음 5:16-18부터 예수님의 공생애 가르침 속에 성부와 성자 사이의 독특한 관계가 조금씩 제시된다. 유대 권력자들은 예수께서 "안식일만 범할 뿐 아니라 하나님을 자기의 친 아버지라 하여 자기를 하나님과 동등으로 삼으시기"(5:18) 때문에 그를 박해하기 시작하였다. 이들에 대한 예수님의 대답(제자들이 분명 이 말씀을 들었다)에는 아들에게 살리는 권세(21절)와 심판을 시행할 권세(22절)가 있음을 포함하여 아들과 아버지의 관계가 제시된다. 이 때로부터 이러한 요소들은 예수님의 공생애 가르침에 있어서 하나의 정규적인 특징으로 나타나며 제자들에게도 그렇게 알려졌다. 자신의 살과 피를 먹고 마시라는 말씀을 하시자(6:53-58) 많은 제자들은 걸림이 되었으며

(60-61절), 더 이상 그를 따라 다니지 않았다(66절). 그 때 열두 제자를 대표하는 시몬 베드로의 고백은 그들이 가진 이해의 수준을 보여준다. "주여 영생의 말씀이 계시매 우리가 뉘게로 가오리이까 우리가 주는 하나님의 거룩하신 자인 줄 믿고 알았삽나이다"(68-69절). 이 고백은 예수님에 대해 영생을 주는 자로 인식하고 있음을 보여준다. 또한 다른 본문에는 분명히 제시되지 않지만 그가 고백한 "하나님의 거룩하신 자"는 메시아적 호칭을 나타내는 것으로 보인다. 아마도 열두 제자(가룟 유다를 제외하고)는 이러한 인식에 대해 예수께서 부활하신 후 더욱 분명히 깨닫게 되었을 것이다.

요한복음 11:7-16은 나사로의 죽음에 대한 예수님의 말씀과 관련하여 제자들이 가졌던 오해에 대해 기록한다. 본문은 예수님에 대한 제자들의 이해의 수준에 대해 자세히 알려주지는 않지만 예수님의 말씀이 그들에게 자주 오해되고 있었음을 보여준다. 도마는 당시 극단적인 비관론자로 제시된다(16절). 그의 말은 예수께서 죽으심으로 제자들이 자유롭게 되었다는 점에서 다소 아이러니하다. 복음서 기자는 이 장면을 지나치지 않았다가 예수께서 잡히실 때 "나를 찾거든 이 사람들의 가는 것을 용납하라"(18:8)는 말씀을 기록한다.

예수께서 예루살렘으로 승리의 입성을 하실 때(12:12-19)까지 제자들은 여전히 이 사건의 정확한 의미를 깨닫지 못한다. 나중에 무리가 종려나무 가지를 흔들며 "주의 이름으로 오시는 이 곧 이스라엘의 왕이시여"(13절)라고 예수님을 환영하였을 때 메시아적 왕이 나귀새끼를 타고 오실 것이라는 스가랴 9:9이 인용된다. 요한은 당시 제자들이 "이 일을 깨닫지 못하였다가 예수께서 영광을 얻으신 후에야 이것이 예수께 대하여 기록된 것임과 사람들이 예수께 이같이 한 것인 줄 생각났더라"(16절)고 하였다. 예수님이 부활하신 후(영광을 얻으신 후)에야 제자들은 이 사건의 의미를 깨닫게 되었다. 당시 제자들이 그것을 깨닫지 못하였다는 것은 얼른 생각하면 모순이라고 생각하기 쉽다. 즉 "사람들이 예수께 이같이 한 것"이 승리의 입성에서 보인 무리의 행동과 말을 지칭한다면, 어떻게 제자들이 메시아적 의미를 갖는 이러한 행동에 대해 모를 수 있는가라는 것이다. 이것은 특히 오래전 예수님의 공생애 초기에 나다나엘이 그에게 보였던 반응, 즉 메시아적 의미를 가진 "이스라엘의 왕"이라는 호칭과 정확히 일치한다(1:49). 그렇다면 제자들의 예수님에 대한 이해는 진보한 것이 아니라 오히려 역행했다는 말이 된다.

본문에 인용된 스가랴 9:9은 무리의 외침 뒤, 제자들이 그것을 이해하지 못하였다는 언급 앞에 소개된다. 이것은 승리의 입성에 대한 무리의 행동이 아닌 인용문에 예언된 내용에 대해 제자들이 가지고 있던 생각을 보여줌으로 그들이 이해하고 있던 수준에 대한 복음서 기자의 회고적 언급으로 볼 수 있다. 이것은 제자들이 실제로 무리의 행동과 그들이 사용한 "이스라엘의 왕"이라는 호칭에 담긴 메시아적 의미를 알고 있었으며 이러한 의미는 그들이 종전에 가지고 있던 메시아관과 동일함을 보여준다. 예수께서 부활하시기 전까지 그들이 깨닫지 못하고 있었던 것은 그의 메시아 되심의 본질에 있었다. 즉 군사적, 민족적, 정치적, 열망이 아닌 그의 인성과 죽음을 통한 희생적 의미였다. 사실 그들은 예수께서 영광을 얻으시고 성령이 오시기전까지 이것을 이해하지 못하였다(요 14:26).

예수님이 다락방에서 제자들에게 하신 말씀처럼 제자들은 예수께서 잡혀 십자가에 달리시기 전날 밤까지도 그의 죽음이나 신분에 대해 완전히 깨닫지 못하였다. 그들은 예수님이 그들의 발을 씻기신 의미를 깨닫지 못하였다(13:2-17). 그들은 예수께서 그들 중 한 명이 자기를 배신할 것이라고 하자 당황하였다(18, 21-30절). 사실 예수님께서 그의 배신에 대해 미리 말씀하신 것은 나중에 그들로 하여금 믿게 하려 하심에서 였다(19절). 그들이 나중에 그때를 회상하며 믿어야 할 내용은 19절 끝("That I am"[NIV는 "내가 그인 줄"])에 제시한다. 이것은 요한복음에 언급된 술어(predicate)가 없는 독립적 "I am" 구문 네 가지 가운데 하나이다(cf. 요 8:28). 출애굽기 3:14을 자세히 살펴보면, 이것이 예수님의 신성에 관한 언급임을 알 수 있다. 제자들은 당시 이러한 의미를 몰랐으나, 나중에(예수께서 부활하신 후에) 배신에 대한 예수님의 예언을 회고하면서 그가 하나님께만 해당하는 지위에 있었다는 결론을 내리게 될 것이다.

나중에 고별 강화(요 13:31-17:26)에서 제자 중 몇은 당시 예수님에 대한 이해의 수준을 보여주는 질문을 한다. "주여 어디로 가시는지 우리가 알지 못하거늘 그 길을 어찌 알겠삽나이까"(14:5)라는 도마의 질문은 예수님이 죽음을 통해 떠나신다는 사실에 대한 이해가 부족했음을 보여준다. "주여 아버지를 우리에게 보여주옵소서"(8절)라는 빌립의 질문은 제자들이 그때까지 예수님과 성부 하나님과의 관계에 대한 진정한 본질을 깨닫지 못하였음을 보여준다. 이러한 사실은 9-14절에 언급된 예수님의 반응으로 확인된다. "주여 어찌하여 자기를 우리에게는 나타내시고 세상에게는 아니하려 하시나이까"(22절)라는 유다의 질문은 예수님과 세상의 관계 및 제자들과의 관계가 부활 후에는 달라질 것이라는 사실을 모르고 있다는 반증이다. 제자들 가운데 나타난 이러한 오해는 16:17-18에도 제시된다.

16:30에서 예수님의 제자들은 비로소 그가 하나님께로서 나오심을 깨닫고 믿는다고 고백한다. 이에 대해 예수님은 그들의 믿음을 인정하신 것으로 보인다("이제는 너희가 믿느냐"[31절]). 이것은 또 하나의 아이러니가 아닐 수 없다. 예수님은 제자들의 마음을 아시기 때문에 그들의 고백을 들을 필요가 없었다. 사실 예수님은 32절에서 예언한 대로 다가오는 시련으로 제자들이 흩어질 것을 알고 계셨다. 따라서 예수께서 잡히셔서 심문을 받으시고 십자가에 달리시기 전날 밤까지 제자들은 그의 죽음의 의미나 그가 누구신가에 대해 분명히 알지 못하였던 것이다.

예수께서 부활하신 후에야 제자들은 그가 참으로 누구신지 깨닫게 되었다. 그것을 처음으로 깨달은 자는 "사랑하는 제자"이다. 전통적으로 요한이라고 알려진 그는 빈 무덤에 도착하여 안을 들여다 "보고 믿었다"(20:8). 요한은 당시 그가 무엇을 믿었는지에 대해서는 구체적으로 밝히지 않고 있으나 본문의 흐름을 볼 때 예수님의 부활을 포함하는 것이라고 볼 수 있다. 예수님의 신분에 대한 더 이상의 내용이 포함되었는지는 알 수 없지만 분명한 것은 본문에서 복음서 기자가 "보고 믿었다"는 주제를 도입하고 있다는 것이다. 이것은 20:28의 도마의 고백에서 절정에 달하게 된다.

도마의 고백은 예수님으로부터 이제야 믿었다는 인정을 받는다. 이어서 예수님은 보지 않고 믿는 자가 복이 있다고 칭찬하신다(29절). 지금까지 메시아로서 예수님에 대한 제자들의 믿음이 어떠하였든 부활 후의 믿음에는 그의 신성에 관한 것이 포함되어 있었다("나의 하나님이시요" [20:28]라는 도마의 언급은 이것을 보여준다). 본문에는 요한복음의 서문(1:1, 14)에 언급된 말씀에 대한 최종적 이해가 담겨 있다. 아들과 아버지의 관계에 대한 예수님의 반복된 가르침이나 술어가 없는 "I am"에 대한 거듭된 언급은 일곱 표적과 함께 이러한 도마의 고백을 낳게 하였다. 이러한 고백이 바로 요한이 본서를 기록한 목적이었다: "오직 이것을 기록함은 너희로 예수께서 하나님의 아들 그리스도이심을 믿게 하려 함이요 또 너희로 믿고 그 이름을 힘입어 생명을 얻게 하려 함이니라"(20:31).

제자들은 예수께서 자신과 아버지의 관계나 임박한 십자가의 죽음에 대해 거듭 말씀하시는 것을 들었으나 그가 부활하시기 전까지는 예수님의 인격이나 사역의 참된 본질에 대해 알지 못하였다.

3) 거듭남

(1) 요한복음에 제시된 거듭남

요한복음에서 거듭남에 대해 언급하고 있는 유일한 본문은 예수님과 니고데모의 대화(3:1-21)에서 발견된다. 니고데모의 질문에 대한 대답으로 예수님은 그에게 "진실로 진실로 네게 이르노니 사람이 거듭나지 아니하면 하나님 나라를 볼 수 없느니라"(3절)고 말씀하셨다. 니고데모는 "사람이 늙으면 어떻게 날 수 있삽나이까 두 번째 모태에 들어갔다가 날 수 있삽나이까"(4절)라고 다시 물었다. 이것은 그가 인간의 육신적 차원에서 예수님의 말씀을 받아들였던 것을 보여준다. 니고데모의 오해로 예수님은 이 말씀의 의미를 다시 한번 제시하였다. 그는 육신이 두 번 나는 것이 아니라 새로운 영적 출생의 필요성을 언급하였다(6-8절). 이러한 오해와 그 결과는 3절의 곁말놀이에 반영된다(7절에 반복된다). 앞에서 언급한 대로 NIV에서 "다시"(again)로 번역된 anōthen이라는 헬라어 단어는 "다시" 또는 "위에서"라는 뜻을 가지고 있다. 니고데모는 이것을 "다시"로 이해하였으나 이것은 예수께서 두 번째 육신적 출생에 대해 말씀하시는 것으로 오해하게 하였다. 6-8절에 언급된 예수님의 말씀은 영적 출생, 즉 "위로부터의 출생"의 필요성을 언급하고 있다. 이러한 거듭남은 결코 인간의 행위로 말미암는 것이 아니라(cf. 6절) 성령의 사역에 속한다. 성령에 의한 초자연적 행위는 이러한 영적 출생을 가져온다. 그것은 단순히 보다 큰 통찰력이나 깨달음이 아니라 한 인간의 완전한 변화를 일컫는다(cf. 고후 5:17).

예수님은 하늘나라에 들어가기 위해서는 새로운 영적 출생이 필요하다고 말씀하신다(요 3:5). 이러한 필요성은 요한복음 서문에 명백히 제시된다. "영접하는 자 곧 그 이름을 믿는 자들에게는 하나님의 자녀가 되는 권세를 주셨으니 이는 혈통으로나 육정으로나 사람의 뜻으로 나지 아니하고 오직 하나님께로서 난 자들이니라"(1:12-13). 본문은 '예수님을 영접하고 그의 이름을 믿음'을 거듭남과 연결한다. 이것은 새로운 영적 출생이 믿음의 첫 단계임을 보여준다.

(2) 요한서신에 제시된 거듭남

요한일서에도 이와 동일한 새로운 영적 출생의 개념이 발견된다. 예수님을 따라 의를 행하는 자는 "그에게서 난 자"이다(요일 2:29). 요한은 "하나님께로서 난 자마다 죄를 짓지 아니하나니"(3:9, cf. 3:6; 5:18)라고 주장하였다. 이 구절은 종종 죄가 없는 완전함으로 오해되기도 하나 결코 그런 뜻이 아니다. 요한일서 어디에서나 참 신자도 죄를 범할 수 있음을 언급하기 때문이다(2:1). 헬라어 동사 시제의 차이 역시 신자들의 죄에 대한 분명한 모순에 대해 설명해준다. 요한이 어떻게 이와 같이 중요한 문제를 이와 같은 문법적 차이로 제시하였는지는 알 수 없다. 그러나 이와 같이 분명한 모순의 이유는 요한서신의 독자들이 처한 상황 때문이라고 설명할 수 있다. 당시 요한이 서신을 보낸 교회 내에는 기독론에 관한 심각한 논쟁이 있었다. 그것은 예수님의 인성과 그의 지상에서의 생애와 사역이 과연 신자들의 표본이 될 수 있느냐라는 것이었다. 요한의 대적들은 죄를 지을 수 없다고 주장하였다

(요일 1:8, 10). 요한은 이러한 주장에 대해 독자들에게 만일 그들이 죄를 범한다면 예수 그리스도께서 그들의 대언자가 되어주실 것이라고 확인하였던 것이다(2:1-2 [NASB]). 한편 대적들은 도덕적 삶의 필요성을 부인하였다. 왜냐하면 그들은 예수님의 지상에서의 삶과 사역(그리고 그의 죄 없으신 인성)에 대해 신자들이 따라야 할 표본으로서 여기지 않았기 때문이다. 그들의 의로운 삶에 대한 실패는 내적인 영적 상태를 겉으로 드러내 준다. "범죄하는 자마다 그를 보지도 못하였고 그를 알지도 못하였느니라"(3:6). 요한은 독자들에게 이렇게 기록하였다. "자녀들아 아무도 너희를 미혹하지 못하게 하라 의를 행하는 자는 그의 의로우심과 같이 의롭고 죄를 짓는 자는 마귀에게 속하나니 마귀는 처음부터 범죄함이니라"(7-8절). 요한은 10절에서 이렇게 결론을 내린다. "이러므로 하나님의 자녀들과 마귀의 자녀들이 나타나나니 무릇 의를 행치 아니하는 자나 또는 그 형제를 사랑치 아니하는 자는 하나님께 속하지 아니하니라." 요한의 초점은 어떻게 독자들이 대적들을 규명하느냐에 맞추어진다. 행위는 이들이 하나님의 자녀인지를 알 수 있는 하나의 기준이 된다. 참으로 새로운 영적 출생을 경험한 하나님의 자녀들은 어느 정도 인정할 만한 행위를 한다. 그리고 거듭나지 않은 사람은 그에 맞는 행동을 한다. 이것은 요한이 2:1에서 제시한 대로 신자들이 결코 죄를 범하지 않는다는 말이 아니다. 이것은 단순히 정통 기독교와 이단 사이의 첨예한 대립의 와중에서 행위는 그가 하나님께 속하였는지 마귀에게 속하였는지를 보여주는 중요한 지표가 된다는 말이다.

새로운 영적 출생에 대한 다른 언급은 요한일서 4:7 및 5:4에 발견된다. 다시 한번 요한일서 4:7은 소아시아 교회 내의 논쟁과 관련하여 해석해야 한다. 요한은 사랑으로 행하는 것이 하나님의 자녀가 되고 그를 아는 전부라고 말하지는 않는다. 그는 다만 행위가 아들 됨의 중요한 판단 근거가 된다는 사실을 다시 한번 강조한 것이다. 편지의 수신자는 서로 사랑하는 것을 보고 형제라고 판단할 것이며(cf. 요 13:34-35) 사랑하지 않는 자들에 대해서는 대적으로 판단할 것이다. 영적 출생은 요한일서 5:4에 언급된 승리의 삶과 연결되며, 요한은 하나님께로 난 자들은 세상을 이긴다고 말한다.

4) 믿음

요한에게 하나님에 대한 지식은 예수 그리스도를 믿음으로 시작한다(요 1:12). 이것은 예수님이 누구신가에 대한 인식 및 요한복음의 기록목적 (20:31)과 연결된다. 믿음은 예수님을 실제로 보고 들음에서 나오는 것이 아니다. 예수님을 실제로 본 많은 사람들은 그를 믿지 않았으며(6:64, 66), 완전한 의미에서 그를 믿은 것은 예수께서 "들리신" 후(즉 십자가에 달리신 후; cf. 8:28)이다.[36] 궁극적으로 보지 않고 믿는 자들에게 복이 있다 (20:29).

한편으로 믿음은 나면서 소경된 자가 눈을 뜬 사건과 그 결과(9:1-41)에서 볼 수 있는 것과 같이, 새롭고 다른 종류의 "눈을 뜨는 것"(seeing)을 필요로 한다. 육신적 눈을 뜬 소경은 예수님을 믿었기 때문에 "영안"도 함께 열렸다(38절). 그러나 육신적 시각을 가지고 있던 바리새인들은 영적으로 소경이었으며 아이러니하게도 그들은 계속해서 영적 어두움 가운데 거하였다 (39-41절).

이러한 "영적 시각"(inner sight) 또는 믿음은 궁극적으로 인간의 노력으로 얻을 수 있는 것이 아니라 하나님이 주시는 결과이다. 그러기에 예수님은 "이러하므로 전에 너희에게 말하기를 내 아버지께서 오게 하여 주지 아니하시면 누구든지 내게 올 수 없다 하였노라"(6:65)고 말씀하신 것이다. 특별히 요한이 *pisteuein*(믿다)이라는 단어를 전치사 *eis*와 함께 사용한 것은 믿음의 인격적 특성, 즉 신뢰할 수 있는 인격적 관계를 강조한다. 그러나 참된 믿음은 이와 같은 문법적 표현으로만 판단할 수 있는 것은 아니며 전후 문맥에 따라 결정된다.

요한서신은 특별히 수신인인 소아시아 교회를 분열시켰던 기독론적 논쟁과 관련하여 독자들에게 참된 믿음을 재확인하는데 초점을 맞춘다. 사도 요한은 독자들에게 확신을 주고 이단적 교리를 주장하는 대적들을 분별할 수

---

36) "요한복음에 제시된 제자들의 단계적 믿음"을 참조하라.

있도록 참된 믿음에 대한 지침들을 많이 주었다. 요한복음과 요한서신에 제시된 믿음에 대한 주제를 이해하기 위해서는 요한이 참된 믿음의 결과에는 어느 정도의 행위가 동반되어야 한다고 보고 있다는 점에 유의하는 것이 중요하다. 일단 예수를 믿게 되면 이 믿음은 계속해서 성장하고 발전한다는 것이 요한의 생각이다. 이와 관련하여 요한복음에 제시된 열두 제자(처음부터 믿지 않았던 가룟 유다를 제외하고)의 경험은 중요한 모델을 제시한다. 요한의 글에는 참된 믿음과 제자도 사이에 특별한 구별이 없다. 일반적으로 신자들은 예수님의 제자가 되고 그와의 관계는 계속해서 성장할 것이다. 요한에게는 오직 두 부류의 사람들만 있을 뿐이다. 즉 빛으로 나온 사람과 여전히 어두움 가운데 머물고 있는 자이다(cf. 요 3:19-21).

(1) 요한복음에 제시된 믿음

흥미로운 것은 "믿음"에 해당하는 헬라어 명사 *pistis*가 요한복음에는 나타나지 않는다는 것이다. 반면에 *pisteuō*(믿다)라는 동사는 단독으로, 또는 다른 전치사와 결합하여 100번 정도 사용된다. 요한복음을 기록한 목적은 "예수께서 하나님의 아들 그리스도이심을 믿게 하려 함이요 또 너희로 믿고 그 이름을 힘입어 생명을 얻게 하려 함"(20:31)이다. 이것은 이러한 개념이 요한복음에서 많이 강조될 것임을 보여준다. 명사 형태를 피한 것은 설명하기 어려우며, 이것은 특히 다른 신약성경에서 많이 사용된다는 점에서 더욱 그렇다(공관복음에는 약 20회 정도, 그리고 바울서신에서는 140회 정도 사용된다).[37] 가장 일반적인 설명은 요한이 믿음의 내용보다 믿음의 행위를 보다 강조하고자 했다는 것으로 일리가 있는 주장이다.[38] 요한복음에서 믿음은 예수 그리스도와의 관계적 측면에서 조명된다. 이것은 예수님이 누구신가

---

37) 명사 형태는 다른 요한 문학에도 매우 드물게 나타난다. 요한일서에 한 번, 계시록에 4번 등장한다.
38) 요한복음에는 실제로 믿음의 내용에 있어서의 어느 정도의 발전을 발견할 수 있다. 제자들은 예수님이 메시아라는 믿음으로 시작하여(1:41) 그는 주와 하나님이시라는 고백으로 끝난다(20:28). 요한복음의 기록 목적은 물론 독자들로 하여금 후자의 고백을 하게 하는 것이다. 그러나 제자들의 믿음은 성장하고 발전하였으며 결국 그가 누구신지에 대해 보다 완전한 깨달음을 갖게 된다. "요한복음에 제시된 제자들의 단계적 믿음"을 참조하라.

에 대한 주장을 받아들이는 것으로부터 시작한다. 이것은 하나님과의 새로운 관계로 인도한다. 요한복음 1:12은 "영접하는 자 곧 그 이름을 믿는 자들에게는 하나님의 자녀가 되는 권세를 주셨으니"라고 말한다.

요한이 선호하는 구조 가운데 하나는 동사 *pisteuō*(믿다)와 전치사 *eis*(~안으로, ~에 관하여)가 결합한 형태이다.[39] 일부 학자들은 이러한 특이한 구조가 초기 기독교 사회에서 지적 동의와 인격적 신뢰를 구분하기 위해 사용되었다고 주장한다. 다른 학자들은 사해 사본을 통해 이것과 동일한 평행적 내용을 발견하였다. 여기에는 공동체의 구성원이 지도자들에 대해 믿음을 가진 것으로 언급된다(1Qp Hab 8:2-3, 의의 교사[Teacher of Righteousness]에 대해 언급한다). 그러나 이것이 그들에 대한 믿음을 말하는 것인지 충성심을 말하는 것인지는 알 수 없다. 분명한 것은 요한의 글(어떤 본문에서 발췌하였든)에서 동사 *pisteuō*와 전치사 *eis*의 결합은 사람에 대한 믿음을 의미한다는 것이다. 요한복음에서 이 단어가 31번은 예수님에 대한 믿음, 세 번은 예수님의 이름에 대한 믿음, 그리고 두 번은 성부에 대한 믿음을 언급하기 위해 사용되었다. 예수님에 대한 믿음은 요한복음 6:35에서와 같이 예수님에게 나아오는 것이다. 본문에서 예수님은 "내가 곧 생명의 떡이니 내게 오는 자는 결코 주리지 아니할 터이요 나를 믿는 자는 영원히 목마르지 아니하리라"고 말씀하셨다(7:37-38에는 예수께 나아오는 것과 그를 믿는 것 사이의 평행에 대한 동일한 내용이 반복된다). 14:1이 직설법이냐 명령법이냐와 관계없이 예수님에 대한 믿음은 하나님에 대한 믿음(NIV는 "trust"로 번역)과 연결된다. 예수께서 오천 명을 먹이신 후 가버나움에서 예수를 따르는 무리가 그를 발견하고 "우리가 어떻게 하여야 하나님의 일을 하오리이까"(6:28)라고 물었다. 이 때 예수님은 자기를 믿는 것이 하나님이 원하시는 것이라고 대답하셨다: "예수께서 대답하여 가라사대 하나님의 보내신 자를 믿는 것이 하나님의 일이니라"(29절).

---

39) 이 구조는 요한복음에 36번 사용되었으며 요한일서에 세 번 사용되었다.

동사 *pisteuō*와 전치사 *eis*의 결합에 종종 비교되는 것으로서 요한이 사용한 또 하나의 구조는 동사 *pisteuō*를 여격(dative case)과 함께 사용한 구조이다. 이것은 요한복음에서 약 20번 정도 나타나며 요한일서에서는 두 번 언급된다. 이 구조 역시 개인에 대한 참된 믿음을 나타내는 것이지만 둘 사이에는 강조점의 차이가 있다. 동사 *pisteuō*를 여격과 함께 사용한 구조는 사람(모세[5:46]; 예수님[8:31]; 성부[5:24])이나 사물(성경[2:22]; 예수님의 말씀[4:50; 5:47])에 모두 사용되었다. 여기서는 인격적 신뢰나 헌신에 관한 요소는 덜 강조된다. 본문은 메시지에 대한 단순한 동의나 그것을 받아들이는 것에 초점을 맞춘다.

요한의 글에는 이 외에도 동사 *pisteuō*를 사용한 몇 가지 다른 구조가 있다. 요한복음 4:41-42에는 동사가 전치사 *dia* 및 여격과 함께 사용되어 "~때문에 믿다"라는 의미를 가진다. 본문에서 전치사의 목적어가 되는 여격은 믿음의 근거나 이유가 된다: "예수의 말씀을 인하여 믿는 자가 더욱 많아"(41절). 14:11에도 이와 동일한 용법이 발견된다: "행하는 그 일을 인하여 [*dia*] 나를 믿으라." 또한 *pisteuō*는 구체적 목적어 없이 독립적으로도 여러 번 사용되며(예를 들어, 1:50; 3:12; 4:48, 53; 5:44; 6:36) 의미는 문맥에 따라 결정된다. 또한 이 동사 뒤에는 종종 믿음의 내용을 언급하는 구절이 이어지기도 한다.

요한복음에서 동사 *pisteuō*는 주로 처음 열 두장에 집중된다(98번 중 74번 사용되었다). 13-21장에는 동사 *pisteuō*와 전치사 *eis*의 결합된 구조가 요한복음 전체에 등장하는 34번 가운데 네 번만 사용되었다. 이것은 1-12장이 주로 예수님이 누구신가를 보여주기 위한 표적과 강화를 다루고 있는 반면, 13-21장은 제자들(그들은 이미 예수님을 믿고 있다)에 대한 예수님의 고별강화와 수난 기사를 다루기 때문이다.

(2) 요한복음의 믿음과 관련된 표현들
요한복음에는 믿음과 관련된 유사한 표현이나 병행구적 표현을 많이 찾아볼 수 있다. 요한복음 1:12에 언급된 예수를 "영접"한다는 표현은 사실상 문장의 평행적 관계에 따라 "그의 이름을 믿는 것"과 동일한 뜻으로 사용되었다. 마찬가지로 요한복음 17:8에는 "아는 것"(ginōskō)과 "믿는 것"이 병행구로 제시된다. 본문에서 예수님은 "저희는 이것을 받고 내가 아버지께로부터 나온 줄을 참으로 아오며 아버지께서 나를 보내신 줄도 믿었사옵나이다"라고 말씀하신다. 우리는 요한복음 14:7 및 10절에서 아는 것과 믿는 것 사이의 동일한 평행을 발견할 수 있다.

요한복음에 언급된 믿는 것과 관련된 또 하나의 개념은 보는 것이다. 이것은 나면서 소경된 자를 고치신 사건에 이어지는 예수님의 언급에서 가장 분명히 드러난다. 소경의 믿음의 고백에 대한 예수님의 반응은 역설적이다: "내가 심판하러 이 세상에 왔으니 보지 못하는 자들은 보게 하고 보는 자들은 소경되게 하려 함이라"(9:39). 예수님은 육체적 시력의 회복뿐만 아니라 영적 시력의 회복에 대해서도 말씀하셨던 것이다. 소경은 육체적 시력과 영적 시력을 모두 찾았다. 그러나 육체적 시력을 가진 바리새인은 영적 소경이었던 것이다(12:39-40). 본문에 언급된 심판에 관한 주제는 3:19-21의 빛과 어두움의 이미지와 연결된다. 12:37-41에 언급된 예수님의 공생애 사역의 결과에 대한 복음서 기자의 요약 역시 하나님의 심판으로서 유대 지도자들의 영적 소경됨에 대해 언급한다(40절).

보는 것과 믿는 것 사이의 이러한 관계는 20:24-29에 언급된 예수님과 도마 사이의 대화에도 암시적으로 제시된다. 다른 제자들이 도마에게 부활하신 예수님을 보았다고 말하자 도마는 "내가 그 손의 못자국을 보며 내 손가락을 그 못자국에 넣으며 내 손을 그 옆구리에 넣어 보지 않고는 믿지 아니하겠노라"(25절)고 말하였다.[40] 도마에게 나타나신 예수님은 그에게 "너는 나를 본 고로 믿느냐 보지 못하고 믿는 자들은 복되도다"(29절)라고 하셨다.

---

40) 영어 성경의 it는 NIV가 번역시에 삽입한 것으로 원래 헬라어에는 없다.

(3) 요한복음에 제시된 참 믿음과 잘못된 믿음

요한복음은 영생을 가져오는 예수님에 대한 참 믿음과 그렇지 못한 잘못된 믿음에 대해 모두 언급한다. 본문을 자세히 드려다 보아야만 이들 두 유형의 믿음에 대해 구분할 수 있다. 이것은 일부에서 생각하듯이 요한이 믿음과 관련하여 사용한 헬라어 구문에 대한 기술적 구분이 아니다. 일반적으로 복음서 기자는 구원 얻는 참 믿음에 대해 언급하고자 할 때는 동사 *pisteuō*와 전치사 *eis*가 결합된 구조를 사용하였으며, 동사 *pisteuō*와 여격이 결합된 구조는 부적절한 믿음이나 위선적 믿음을 언급할 때 사용하였다고 알려져 있다. 그러나 언어적 관점에서 볼 때 이러한 구분은 옳지 않다. 요한복음에는 이러한 구분이 적용되지 않는 몇 가지 예를 발견된다. *pisteuō*와 *eis*의 결합은 구원 얻는 참 믿음을 언급한다고 알려져 있으나 요한복음 2:23의 경우는 잘못된 믿음에 대한 언급임이 거의 확실하다. 본문에 언급된 무리는 그들이 목격한 기적적 표적을 보고 믿었다. 표적을 보고 믿는 것이 전혀 믿지 않는 것보다는 낫다는 것은 사실이다(cf. 10:38). 그러나 이들 개종자에 대한 예수님의 반응은 그들의 믿음에 대한 의문을 갖게 하기에 충분하다: "예수는 그 몸을 저희에게 의탁지 아니하셨으니 이는 친히 모든 사람을 아심이요" (2:24). 헬라어 본문에는 곁말놀이가 사용되었다. 즉 NIV가 "믿었다" (believed)라고 번역한 23절의 동사와 24절의 "의탁하다"(entrust)는 동일한 *pisteuō*를 사용하였다. 이들이 참된 신자라면 예수님이 그들에게 자신을 의탁하지 않으신 것은 설명하기 어렵다. 특히 요한복음은 사람을 빛으로 오는 자와 어두움에 남아 있는 자의 두 부류로만 나누고 있다는 점에서 더욱 그렇다(3:19-21).

한편 *pisteuō*와 여격을 사용한 구조는 잘못된 믿음에 대한 언급이라고 알고 있으나 요한복음 5:24에서는 분명 진정한 믿음을 지칭하고 있다. 예수님은 "내 말을 듣고 또 나 보내신 이를 믿는 자는 영생을 얻었고 심판에 이르지 아니하나니 사망에서 생명으로 옮겼느니라"고 말씀하셨다. 앞에서 살펴본 대로 이상의 두 가지 표현에는 분명히 뉘앙스의 차이가 있으나 이러한 차이가 참된 믿음과 잘못된 믿음을 구분하는 근거는 될 수 없다.

거짓 믿음에 대한 예는 요한복음 6:60-66에서도 초점이 된다. 예수께서 자신의 살과 피를 먹고 마시라는 말씀을 하신 후 많은 제자들은 수군거리기 시작했다(60절). 예수님은 이들에게 "그러나 너희 중에 믿지 아니하는 자들이 있느니라"(64절)고 말씀하셨다. 이어서 요한은 예수께서 믿지 아니하는 자들이 누구이며(2:24-25에 대한 암시인 듯), 누가 배신할 것인지 처음부터 알고 계셨다고 덧붙인다. 배신자 유다를 이들 거짓 제자들과 함께 언급한 것은 그들과 같은 범주로 보았다는 의미이다. 한 가지 차이점이 있다면 가룟 유다는 열두 제자 가운데 하나라는 것이다. 이들 거짓 제자들에 대한 예수님의 평가가 옳았다는 증거는 그들의 행동에서 드러난다. "이러므로 제자 중에 많이 물러가고 다시 그와 함께 다니지 아니하더라"(6:66). 예수님을 끝까지 따른다는 것은 참된 믿음의 외적 표시이다.

요한복음에서 잘못된 믿음에 대해 다루고 있는 또 하나의 본문은 8:31-59이다. 31-32절에서 예수님은 그를 믿은 유대인들에게 "너희가 내 말에 거하면 참 내 제자가 되고 진리를 알지니 진리가 너희를 자유케 하리라"고 말씀하셨다. 믿은 유대인들은 분명히 30절에 언급된 사람들 가운데 일부이다. 본문은 "많은 사람이 믿더라"고 말한다. 그러나 본문에는 해석상의 문제점이 드러난다. 예수께서는 이들 믿은 사람들(31절)에 대해 죄의 종(34절), 말씀이 있을 곳이 없는 자(37절), 아브라함의 자손(39절)이 아니라 마귀의 자손(44절), 및 거짓말하는 자(55절)로 지칭하였기 때문이다. 결국 그들은 예수님을 돌로 치려하였다(59절).

요한복음 8:31의 유대인들에 대해 믿었다고 표현한 것과 이어지는 그들의 행동이 다른 이유에 대해, 요한이 믿음이라는 의미로 사용한 두 가지 유형의 헬라어 구문의 차이로 설명하려는 사람들이 있다. 그들은 30절에 언급된 *pisteuō*와 *eis*의 결합 구조와 31절에 사용된 *pisteuō*와 여격의 결합 구조를 구분한다. 그러나 앞에서 살펴본 대로(물론 두 구조 사이에는 실제적인 뉘앙스의 차이가 있다) 이러한 차이점은 구원 얻는 참 믿음과 거짓 믿음을 구분하는 근거가 될 수 없다. 어떤 사람들은 8:33-58에 언급된 모순 된 행동에 대해 일부 유대 지도자들은 예수님을 참으로 믿었으나 대부분의 유대 권력가들은 믿지 않았으며 따라서 예수께서 34-58절에서 언급한 대상은 이들이었다는 것이다. 이러한 "분리" 자체는 가능한 설명이지만 34-58절에서 예수께서 "자기를 믿은 유대인들"(31절) 외에 다른 사람들에 대해 언급하였다는 암시는 없다.

가장 쉬운 설명은 이들 유대 지도자들이 예수님에 대해 어떠한 믿음을 가졌든지, 예수께서는 그것을 제자들의 믿음과 같은 적절한 믿음으로 보지 않았다는 것이다.[41] 예수님의 첫 번째 대답은 그들의 믿음에 대한 진실성 여부는 그들이 계속해서 그의 가르침에 순종하느냐의 여부로 드러나게 될 것이라는 것이다(8:31; NIV[너희가 내 말에 거하면]).[42] 이것은 요한복음의 다른 본문에 언급된 관점과도 정확히 일치한다. "사람이 나를 사랑하면 내 말을 지키리니... 나를 사랑하지 아니하는 자는 내 말을 지키지 아니하나니" (14:23-24). 이것은 요한서신의 관점이기도 하다. 앞서 언급한 대로 본서에서 부자관계의 중추적 요소가 되는 것은 행위이다. 계속해서 거한다는 것은 참된 믿음의 외적 표현이다. 참 제자는 예수님 안에 거한다(요일 2:19; 요이 9절). 그렇지 못한 것은 참된 믿음으로 볼 수 없다.

(4) 요한서신에 제시된 믿음

요한서신에 제시된 믿음의 개념은 요한복음에 제시된 것과 유사하다. 요한일서에는 *pisteuō*라는 동사가 아홉 번 나오며, *pistis*라는 명사는 한번(5:4) 나온다. 또한 본서에는 *pisteuō*와 *eis*의 결합 구조가 세 번(5:10[2회], 13), 그리고 *pisteuō*와 여격의 결합 구조가 두 번(4:1; 5:10) 나온다.[43] 나머지 용례들

---

41) 예를 들어 유대 지도자들은 예수께서 메시아임을 믿었으나 그가 하나님의 아들이라는 주장은 믿지 않았을 가능성이 있다. 확실히 예수님의 신성에 대한 주장은 본문의 후반부에 그들 사이에서 이슈가 되었다. 이것은 예수께서 요한복음 8:58에서 "I am" 구문을 사용하신 그를 돌로 치려하였던 것에서 드러난다.
42) *menō* 라는 헬라어는 요한의 글에서 영구적인 관계를 지속한다는 중요한 의미를 담고 있다.
43) *pisteuō* 와 여격의 예는 요한일서 3:23에서도 찾아볼 수 있으나 본 구절의 경우 형태적 변이가 있다.

은 독립적이거나(구체적 대상 없이), 아니면 대격(accusative)(4:16)이나 믿음의 내용을 구체적으로 명시하는 절(5:1, 5)이 이어진다. 그러나 비록 요한서신에는 *pisteuō*라는 동사나 *pistis*라는 명사가 모두 열 번밖에 나오지 않지만, 실제로 구원 얻는 참된 믿음에 대해서는 다른 용어와 이미지를 사용하여 논의된다. 이들에 대해 하나씩 살펴보도록 한다.

요한일서에서 믿음에 관한 첫 번째 언급은 1:6-7이다. "만일 우리가 하나님과 사귐이 있다 하고 어두운 가운데 행하면 거짓말을 하고 진리를 행치 아니함이거니와 저가 빛 가운데 계신 것같이 우리도 빛 가운데 행하면 우리가 서로 사귐이 있고 그 아들 예수의 피가 우리를 모든 죄에서 깨끗하게 하실 것이요." 이 두 구절에서 요한은 참된 믿음에 관한 세 가지 유형의 이미지를 제시하고 있다. 즉 하나님과의 사귐, 진리를 행함, 빛 가운데 거함이 그것이다. 빛 가운데 행함과 반대되는 "어두운 가운데 행하는 것"은 빛으로 오지 않은 자, 즉 세상의 빛이신 예수께로 오지 않은 자를 말한다(cf. 요 3:19-21). 요한에게 있어서 적어도 이런 사람은 그가 아무리 하나님과의 사귐이 있다고 주장하더라도 믿지 않는 자이다.

요한일서 2:3-4 역시 참 믿음과 불신에 대해 언급한다: "우리가 그의 계명을 지키면 이로써 우리가 저를 아는 줄로 알 것이요 저를 아노라 하고 그의 계명을 지키지 아니하는 자는 거짓말 하는 자요 진리가 그 속에 있지 아니하되." 이것은 자기를 참으로 사랑하면 그의 말을 지킬 것이라는 예수님의 언급(요 14:23-24)과 정확히 일치한다. 참된 믿음은 예수님의 명령(특히 서로 사랑하라는 계명[요일 2:7-11])에 순종하는 삶으로 나타나야 한다. 이것은 요한일서 2:6에서 다시 반복된다. 본문에 언급된 "저 안에 거한다"는 것은 구원 얻는 참 믿음에 대한 또 하나의 표현으로, 예수님이 삶의 방식을 따르는 결과를 가져올 것이다.

참된 믿음과 동일한 의미를 가지는 또 하나의 구절은 요한일서 2:9("빛 가운데 있다")이다. 이러한 주장을 하며(즉 세상의 빛이신 예수께 나아와

"빛 가운데 있는 자"임을 자처하며) 계속해서 형제를 미워하는 자는 여전히 어두운 가운데 있는 자이다. 이러한 사람은 자신의 주장과 관계없이 빛으로 오지 않은 자이다. 이것은 요한복음에 제시된 빛과 어두움의 이미지 및 영적 빛이 없음으로 영적 소경이 된 자의 개념과 정확히 일치한다(cf. 요 9:39-41).

참된 믿음과 관련된 구절(정확히 동의어는 아니라 하더라도)은 요한일서 2:19에도 발견된다. 요한은 "적그리스도"라고 여겼던 분리주의 대적들에 대해 "저희가 우리에게서 나갔으나 우리에게 속하지 아니하였나니 만일 우리에게 속하였더면 우리와 함께 거하였으려니와 저희가 나간 것은 다 우리에게 속하지 아니함을 나타내려 함이니라"라고 선언하였다. 본문에서 "우리에게 속하였다"는 언급은 거짓 기독론을 주장하는 대적들에 반대되는 참된 신자들의 그룹에 속한 자들을 일컫는다.

요한일서 3:1-2은 참된 믿음을 가진 신자들에 대해 "하나님의 자녀"라고 부른다. 신자들은 "의롭고"(7절) "하나님께로서 난 자"(9절)이다. 요한은 행위가 참 신자와 불신자를 구별할 수 있는 외적 표시가 된다고 다시 한번 강조한다. "이러므로 하나님의 자녀들과 마귀의 자녀들이 나타나나니 무릇 의를 행치 아니하는 자나 또는 그 형제를 사랑치 아니하는 자는 하나님께 속하지 아니하니라"(10절). 요한은 또한 참된 신자를 "진리에 속한 자"(19절)로 묘사하였다.

사실 "믿다"(*pisteuō*)라는 동사는 본 장의 끝부분에 처음으로 사용된다. "그의 계명은 이것이니 곧 그 아들 예수 그리스도의 이름을 믿고 그가 우리에게 주신 계명대로 서로 사랑할 것이니라"(23절). 요한은 독자들에게 참으로 그의 계명을 순종하면 "주 안에 거하고" 또한 그들의 삶 가운데 나타나신 성령께서도 그것을 증거하신다고 다시 한번 확인한다(24절). 본문에서 요한은 요한복음 14:23에서 예수께서 약속하신 것처럼 하나님과 신자가 상호 거한다고 말한다.

믿음에 대한 부정적 언급은 요한일서 4:1에 제시된다: "영을 다 믿지 말고 오직 영들이 하나님께 속하였나 시험하라." 요한은 이어서 세상에 나온 거짓 선지자들에 대해 언급하기 때문에 이 영은 선지자와 그들의 메시지를 지배하는 영으로 보인다. 거짓 선지자들(및 그들의 배후에 있는 영들)은 이단적 기독론을 주장하는 분파주의 대적들에 대한 또 하나의 표현이다. 요한의 독자들 앞에 놓인 절박한 이슈는 어떻게 하나님의 말씀과 이들 적그리스도의 영들로부터 나온 메시지를 구분하느냐라는 것이었다(cf. 6절). "하나님께로 나서 하나님을 알고"(7절)는 앞에서 언급한 참된 믿음(2:3-4; 3:9)에 대한 진일보한 표현이다. 본문에서 요한은 참 신자인 독자들에 대한 하나님의 사랑을 믿는 믿음에 대해 언급한다(4:16, 믿대[rely on]).

요한일서 5:1에서 요한은 예수님을 그리스도로 믿는 것을 하나님께로서 난 자와 연결한다. 두 표현 모두 참된 믿음에 관한 언급이다. 5:5은 예수님이 하나님의 아들이심을 믿는 자가 세상을 이기는 자라고 말한다. 마찬가지로 10절은 참된 믿음과 불신에 대한 또 하나의 대조를 보여준다. "하나님의 아들을 믿는 자는 자기 안에 증거가 있고 하나님을 믿지 아니하는 자는 하나님을 거짓말하는 자로 만드나니 이는 하나님께서 그 아들에 관하여 증거하신 증거를 믿지 아니하였음이라." 본문은 계속해서 이 증거는 하나님께서 아들 안에서 우리에게 영생을 주신 것이라고 말한다. 참 신자로서 독자들은 이러한 증거를 가진(따라서 아들 안에서 영생을 소유한) 자로 분류된다. 그러나 대적들은 하나님을 믿지 않았으며, 따라서 하나님을 거짓말 하는 자로 만들었다(cf. 1:10). 그들에게는 하나님의 아들이 없으며 따라서 영생도 없다(5:12). 요한일서 5장의 믿음에 대한 마지막 언급은 "하나님의 아들의 이름을 믿는" 자로서 독자들에 대해 그들에게 영생이 있음을 알려주는 내용이다(13절). 5장의 나머지 부분에서 요한은 앞에서 사용한 참된 믿음에 관한 언급을 반복한다: "하나님께로서 난 자"(18절), "하나님의 자녀"[하나님께 속하고](19절), 참된 자를 아는 것(20절), 참된 자 안에 있는 것(20절).

(5) 믿음과 거함

요한이 신자와 하나님과의 영구적 관계를 표현하기 위해 사용한 중요한 용어는 *menō*라는 헬라어 동사이다. NIV는 이 단어를 다양하게 번역한다: 요한복음 5:38[dwell in, 거주하다]; 요한복음 15:7[remain, 머무르다]; 요한일서 2:10, 14[live, 살다]; 요한이서 9절[continue, 계속하다](한글 성경은 모두 "거하다"임 [역자 주]).44) 상기 본문 모두에 부합되는 하나의 적절한 단어를 찾기란 어렵겠지만 가장 융통성 있는 번역 가운데 하나는 reside(거주하다)이다. 이것은 떠날 수 있는 가능성을 함축하고 있는 remain(머무르다)과 달리 영구적 뉘앙스를 가진다.45)

한편으로 요한은 하나님의 다양한 속성과 은사가 신자의 마음에 거하며, 역으로 신자는 이와 같이 다양한 속성 가운데 거한다는 의미로 이 단어를 사용한다. 하나님(예수님)의 말씀은 신자들 속에 거한다(5:38; 15:7; 요일 2:14, 24). 역으로 신자는 예수님의 말씀 안에 거해야 한다(요 8:31). 하나님의 사랑은 신자들 속에 거하나 불신자들 속에는 거하지 않는다(요일 3:17). 역으로 신자는 예수님의 사랑(요 15:9-10)과 하나님의 사랑(요일 4:16) 가운데 거한다. 하나님의 진리는 신자들 속에 거하며(요이 2절), 하나님의 기름부음(요일 2:27)과 하나님의 씨(3:9)도 마찬가지이다. 영생은 살인자 속에 거하지 않으며 신자들 속에 거한다(15절). 그러나 신자는 "빛 가운데"(2:10; cf. 요 12:46 [신자는 어두운 가운데 거하지 않는다]) 거한다. 그리스도의 교훈에 거하는 자는 "아버지와 아들을 모시는" 자이나 교훈에 거하지 않는 자는 "하나님을 모시지 못 한다"(요이 9절).46)

또 한편으로 요한은 *menō*라는 동사를 통해 아버지와 아들과 제자의 상호거주(indwelling)에 대해 설명한다. 이것은 종종 예수님과 신자의 상호관계로 나타난다. 생명의 떡 강화에서 예수님은 "내 살을 먹고 내 피를 마시는 자는 내 안에 거하고 나도 그 안에 거하나니"(6:56)라고 선언하셨으며, 다른 본문

---

44) KJV는 전체를 "거하다"(abide)로 번역한다.
45) 이어지는 논의에서 "remain"은 문맥적 필요나 NIV가 인용한 경우에 사용된다.
46) 본문에 remain이 사용된 것은 거짓 기독론을 주장함으로 소아시아 교회를 떠난 분리주의 대적들에 대한 언급이기 때문이다. 그들이 그리스도의 교훈에 머무르지 않고 그들과의 교제를 떠난 것은 처음부터 참 신자가 아니었음을 보여준다(요일 2:19).

에서는 제자들에게 "내 안에 거하라 나도 너희 안에 거하리라"(15:4)고 하셨다. 요한일서 4:15에는 성부 하나님과 신자의 관계가 강조된다. "누구든지 예수를 하나님의 아들이라 시인하면 하나님이 저 안에 거하시고 저도 하나님 안에 거하느니라." menō 라는 동사는 성부와 성자, 그리고 신자의 상호관계를 보여주기 위해 사용되기도 한다. "너희는 처음부터 들은 것을 너희 안에 거하게 하라 처음부터 들은 것이 너희 안에 거하면 너희가 아들의 안과 아버지의 안에 거하리라"(요일 2:24).[47] 요한복음 14:10에서 예수님은 menō 를 사용하여 자기와 아버지의 영구적 관계를 제시하였다.[48]

예수님과 아버지의 관계는 예수님과 제자들의 관계의 모델이다. 그러므로 예수께서 고별 강화(요 15:1-17)에서 제자들에게 자신과 아버지의 관계에 대해 언급하신 것은 당연하다. 그는 이 단어를 사용하여 아버지와의 상호적이고 영원한 관계를 제시하였다. 본문(1-17절)에서 menō는 11번 사용되었다. 상호적 관계는 예수님에 의해 분명히 제시된다(4-5절). 본문이 전제하고 있는 것은 제자들은 예수께서 말씀하신 대로 계속해서 머물러야 한다는 것이다. 예수님에게 머무르지 못한 대표적인 예는 가룟 유다(6절)이다. 그는 이미 예수님을 떠났다(13:30). 요한에게 유다의 실패는 그가 처음부터 예수께 속하지 않았음을 보여준다. 마찬가지로 요한일서 2:19에서 잘못된 기독론을 가지고 있던 대적들이 떠난 것은 그들이 요한서신의 수신인인 신자의 그룹에 속하지 않았음을 보여준다.[49] 요한이서 9절은 요한일서의 분파주의 대적들에 대한 사상과 유사하다: "그리스도 교훈 안에 거하지 아니하는 자마다 하나님을 모시지 못하되 교훈 안에 거하는 이 사람이 아버지와 아들을 모시느니라." 요한은 참 신자는 계속해서 예수님과 함께 거해야 한다고 말한다. 요한복음 8:31에서 예수님은 "너희가 내 말에 거하면 참 내 제자가 되고"라고 하셨다. 이것은 그 말씀을 듣고 있는 청중들이 참 제자가 아님을 말해준다

---

47) 사실, 동족어 명사 형태인 monē가 동사 menō 대신 사용된 요한복음 14:23에는 동일한 사상이 나타난다.
48) menō 는 사용되지 않았으나 예수님과 성부 하나님의 이러한 영구적 관계는 요한복음 17:21-23에도 나타난다.
49) menō 는 요한일서 2:19에도 사용되었다.

(37, 40, 42, 44, 47, 52, 59절). 요한서신의 믿음에 대해 앞에서 언급한 대로 요한은 참된 믿음은 예수님의 명령(특히 서로 사랑하라는 명령[요일 2:7-11])을 따르는 삶을 살아야 한다고 말한다.

5) 영생
(1) 요한복음에 제시된 영생

영생의 개념은 요한복음 서문에 제시된다. "그 안에 생명이 있었으니 이 생명은 사람들의 빛이라"(1:4). 예수님 자신은 영생("영원한 생명"[NIV])의 근원이다. 그는 생명($zōē$)이시며(3:16; 10:10; 20:31), 그의 생명은 하나님의 생명이다(5:26). 신약성경 외에 "영생"이라는 구절은 70인역(단 12:2)에서 종말론적 의미로 단 한 차례 언급될 뿐이다. 이 단어는 필로의 글에 한 번 언급되었으나[50] 신약성경 시대 이후 오랫동안 이교 종교나 철학서적에는 등장하지 않는다.

분명히 요한복음의 저자는 "영생"을 소유하는 것과 마지막 날 예수 그리스도가 그를 다시 살리심을 동일한 의미로 보았다(요 6:40, 54; cf. 6:39, 44; 11:24; 12:48). 불의한 자는 영원한 심판에 이르게 될 것이다. 따라서 대부분의 영어 성경이 "eternal life"이나 "life everlasting"으로 번역한 "영생"은 사실 "내세의 생명"이다. 이것은 다니엘 12:2 및 다른 신구약 중간기 자료(아셀의 증거 5:2; 솔로몬의 시편 3:16; 2[4]에스드라 7:12-13; 8:52-54)의 용례와도 일치한다. 마찬가지로 다른 신약성경에도 이와 동일한 의미로 사용되었다. 하나님의 나라에 들어가기 위한 조건과 관련하여 마가복음 10:17의 부자는 "선한 선생님이여 내가 무엇을 하여야 영생(요한이 사용한 구절과 동일한 $zōē$ $aiōnios$)을 얻으리이까"라고 물었다. 현재적 생명과 내세의 생명에 대한 이러한 대조는 요한복음 12:25에서도 찾아볼 수 있다: "자기 생명을 사랑하는 자는 잃어버릴 것이요 이 세상에서 자기 생명을 미워하는 자는 영생하도록 보존하리라."[51]

---

50) *De fuga et inventione* 78.
51) 공관복음의 유사한 언급(마 10:39, 16:25; 막 8:35; 눅 9:24, 17:33)을 참조하라.

그러나 요한에게 영생은 올 세대에만 국한되지 않는다. 그것은 현세로 이어지며 신자들에게 경험된다. 예수님은 "내 말을 듣고 또 나 보내신 이를 믿는 자는 영생을 얻었고 심판에 이르지 아니하나니 사망에서 생명으로 옮겼느니라"(5:24)고 하셨다. 아들의 사명 가운데 하나는 "저를 믿는 자마다 멸망치 않고 영생을 얻게 하려 하심"(3:16)이다. 이어지는 구절은 아들을 보내신 하나님의 목적에 대해 기록한다. 이러한 평행은 믿는 자에게 영생을 주는 것과 세상을 구원하는 것은 같은 일임을 보여준다(cf. 3:17). 예수께서 오신 목적은 생명의 떡 강화에서 다시 언급된다. "하나님의 떡은 하늘에서 내려 세상에게 생명을 주는 것이니라"(6:33). 이것은 영적 굶주림과 목마름을 충족한다(35절). 요한복음 10:10 역시 아들의 사명이 영생을 주는 것임을 보여준다. "내가 온 것은 양으로 생명을 얻게 하고 더 풍성히 얻게 하려는 것이라." 아버지는 이 생명의 근원이시나 아들 속에 그것을 주셨다(5:26). 따라서 예수님은 "나는 부활이요 생명이니"(11:25; cf. 14:6)라고 하셨다. 예수님의 기도에는 영생에 대한 실제적 정의가 들어 있다. "영생은 곧 유일하신 참 하나님과 그의 보내신 자 예수 그리스도를 아는 것이니이다"(17:3).

현세와 내세라는 영생의 두 국면은 요한복음 5:21-30과 밀접하게 연결된다. 아버지는 죽은 자들을 살려 생명을 주시며 아들도 원하는 자들을 살리실 수 있다(21절). 아버지는 아들에게 심판을 맡기셨다(22절). 믿는 자는 현세에서 영생을 얻었고 심판을 받지 아니하며 이미 사망에서 생명으로 옮겼다. 그러나 육체적 죽음 후에는 부활이 있으며 계속해서 심판이 이어질 것이다(28-29절).

요한이 제시하는 영생은 내세의 미래적 축복이라는 점에서 공관복음과 일치한다. 그러나 현세적 경험으로서의 영생에 대한 강조는 공관복음과 달리 요한복음에만 나타나는 독특한 내용이다. 이 둘은 서로 모순 되지 않는다. 오히려 영생의 미래적 국면은 이 땅에서 경험할 수 있는 현세적 국면의 연장이라는 차원에서 볼 수 있다. 예수님은 요한복음 11:26에서 "무릇 살아서 나를 믿는 자는 영원히 죽지 아니하리니"라고 하셨다. 즉 예수를 믿어 이 땅에서 영생을 소유한 자는 내세에서도 그것을 계속 소유할 것이며, 따라서 "죽음을 영원히 보지 아니하리라"(cf. 8:51)는 말씀에 해당되는 것이다.

(2) 요한서신에 제시된 영생

요한서신에 제시된 영생의 개념은 앞에서 다룬 요한복음의 영생 개념과 일치한다. 다른 점이 있다면 요한일서에 제시된 영생의 원천이자 수여자로서 예수님의 역할은 단순한 "말씀"(요 1:1, 14)으로서 뿐만 아니라 "생명의 말씀"(요일 1:1)으로서 제시된다는 것이다. 예수님은 스스로 생명을 가지신 분으로서 자기를 믿는 모든 자에게 그것을 나누어 주시기 위해 오셨다. 요한은 독자들에게 "이 영원한 생명을 우리가 보았고 증거하여 너희에게 전하노니 이는 아버지와 함께 계시다가 우리에게 나타내신 바 된 자니라"(요일 1:2)고 했다. 심각한 기독론적 논쟁으로 신앙을 고백한 교회 구성원들 가운데 일부가 교회에 남은 자(요한서신의 수신자)들과의 교제를 끊고 떠났다(2:19). 요한은 독자들에게 영원한 생명이 약속되어 있음을 상기시킨다(25절). 이것은 영생이 미래적인 것으로서 독자들은 그것을 받지 못한 것처럼 보일 수도 있다. 그러나 본문은 앞서 요한복음에서 살펴보았듯이 영생의 미래적 국면과 신자들에 의해 이 땅에서 체험되는 현세적 국면의 이중적 강조를 반영한다. 요한일서는 영생의 현세적 국면에 대해서도 언급한다: "우리가 형제를 사랑함으로 사망에서 옮겨 생명으로 들어간 줄을 알거니와"(3:14; cf. 요 5:24). 그리스도인이 교회에서 어떠한 사랑을 보이느냐에 따라 그들이 이미 영생을 경험하였음을 알게 될 것이다.

영생에 대한 신자의 현세적 경험을 알려주는 또 한 가지는 성령의 내주하심이다(요일 4:13). 영생을 소유하기 위해 가장 중요한 것은 예수님이 하나님의 아들이심을 시인하는 것이다(15절). 하나님은 그의 아들 안에서 영생을 주셨으며, 아들을 믿는 자는 영생이 있고 믿지 않는 자는 없다(5:11). 요한복음 17:3이 말하듯이 영생을 소유하는 것은 예수 그리스도와의 관계에 달려 있다. 이것은 요한이 "우리가 참된 자 곧 그의 아들 예수 그리스도 안에 있는 것이니 그는 참 하나님이시요 영생이시라"(요일 5:20)고 서신을 끝맺을 만큼 확실한 사실이다. 요한에게 영생은 아버지와 아들에 대한 관계이다. 예수 그리스도를 믿음으로 현세에서 시작하여 내세까지 지속된다.

(3) 요한계시록에 제시된 "이기는 자"가 취할 영생

요한계시록에서 사도 요한은 "이기는 자"(overcomer)에게 주어질 내세의 미래적 축복으로서 영생을 강조한다(cf. 계 21:7). "이기는 자"는 현세에서 생명의 샘물을 받아 마신 참 신자들이며(6절) 미래에도 영생의 축복을 약속 받은 자들이다(7절). 그들은 "두려워하는 자들과 믿지 아니하는 자들과 흉악한 자들과 살인자들과 행음하는자들과 술객들과 우상 숭배자들과 모든 거짓말하는 자들"(8절)과 대조된다. 이들은 불과 유황으로 타는 둘째 사망을 겪을 것이다.

일곱 교회에 보낸 편지(계 2:1-3:22)에서 "이기는 자들"에게 주어진 약속 역시 영생의 미래적 축복에 대해 언급하며, 21:6-8과 평행을 이룬다. 이기는 자들에게는 하나님의 낙원에 있는 생명나무의 과실을 먹을 권세가 주어질 것이다(2:7). 이들은 참 신자들이기 때문에 둘째 사망의 해를 받지 아니할 것이다(11절; cf. 21:8). 이기는 자들에게는 그리스도와 함께 만국을 다스릴 권세가 주어질 것이다(2:26-27; 3:21). 그들의 구원은 확실하다(3:5).[52]

일곱 교회에 보낸 편지의 수신자는 다른 사람들도 포함되어 있다. 버가모 교회에는 우상의 제물을 먹게 하고 행음하게 한 자들이 있었다(2:14). 니골라당의 교훈을 좇는 자도 있었다.[53] 두아디라 교회에는 거짓 여선지자 이세벨이 사람들을 꾀어 행음하게 하였다(20절). 따라서 회개치 않는 자는 심판을 받을 것이다(22-23절). 계시록의 일곱 교회 중에는 문제가 없는 교회가

---

[52] 이 약속은 "신실한" 그리스도인들로 이루어진 특별한 그룹(신실하지 못한 그리스도인들에 반대되는 개념)으로서 "이기는 자들"에게 주어진 것이 아니다. 요한은 "예수께서 하나님의 아들이심을 믿는 자가 아니면 세상을 이기는 자가 누구뇨"(요일 5:5)라는 질문을 통해 "이기는 자"의 의미를 이미 제시하였던 것이다.

[53] 니골라당의 교훈에 대해서는 요한계시록 2:6에서 크게 책망 받고 있다는 점에서 음행과 연결되고 있는 것으로 보인다.

없었으며 이들 교회에 속한다고 주장하는 사람들이 모두 참된 신자(이기는 자)였던 것은 아니다.

9. 요한의 종말론

1) 요한복음의 종말론

요한의 종말론에 대한 논의에 들어가기에 앞서 먼저 종말론 전반에 대한 일반론에 관해 언급하는 것이 도움이 될 것이다. 많은 신약성경 학자들은 요한복음이 공관복음과 전혀 다른 시각으로 종말론에 접근한다고 말한다.[54] 공관복음이 현재와 미래의 수평적 영역을 둘러싼 구조라면 요한의 종말론은 하늘과 땅(또는 위와 아래)의 수직적 영역에 초점을 맞추고 있다는 것이다. 요한이 수직적 영역에 초점을 맞춘 것은 사실이다(요 3:13, 31; 8:34).[55] 예수님은 자신이 아버지의 보내심을 받아(3:17, 34; 5:36-38; 6:29, 57; 7:29; 8:42; 10:36; 11:42; 17:3, 8, 18, 21, 23, 25; 20:21), 위로부터 왔으며(3:13; 6:62; 8:34), 아버지께로 돌아갈 것이라고 말씀하신다(13:1; 14:12, 28; 16:10, 28; 20:17). 그러나 요한의 종말론이 수평적 영역을 간과하였다거나 수평적 요소가 배제된 수직적 영역을 제시했다고 생각한다면 오산이다. 다음의 예에서 보듯이 요한복음에는 분명 수평적 요소가 있다.

(1) 제자들을 통해 계속되는 사역

첫째로, 요한은 교회에 관한 가르침을 마태와 같이 분명하게 제시하지도

---

54) 요한복음의 종말론과 관련하여 가장 잘 알려진 접근 방법은 C. H. Dodd의 *The Interpretation of the Fourth Gospel* (Cambridge: Cambridge Univ. Press, 1953)에 제시된 종말론이다. 이것은 주로 "실현된 종말론"(realized eschatology)으로 불린다. 이 이론은 하나님의 나라가 예수 그리스도의 사역으로 인해 현세에 완전히 실현되었으며 미래의 묵시적 성취와는 아무런 관계도 없다고 말한다. 이러한 입장은 다음에 계속되는 논의에서 반박되었다.

55) Donald Guthrie, *New Testament Theology* (Downers Grove, Ill.: InterVarsity, 1981), 798-801. 또한 George E. Ladd, *A Theology of the New Testament* (Grand Rapids: Eerdmans, 1974), 302-3; George R. Beasley-Murray, *John*, Word Biblical Commentary (Waco, Tex.: Word, 1987), lxxxv-lxxxvii 등도 참조하라.

않았으며(예를 들어, 마 16:18-19) 소위 "지상 명령"(Great Commission, 마 28:19-20)에 대해 언급하지도 않았으나, 그는 분명히 예수께서 떠나신 후 제자들이 해야 할 일에 대해 언급하였다. 예수님은 그들에게 "너희에게 평강이 있을지어다 아버지께서 나를 보내신 것같이 나도 너희를 보내노라"(요 20:21)고 말씀하셨다. 또한 20:23에서 예수님께서 자신이 떠난 후 다른 사람들의 죄를 사하거나 사하지 않는 권세를 제자들에게 주신 것은 마태복음 16:19에 언급된 "천국 열쇠"를 상기시킨다.

(2) 미래적 소유로서 영생

둘째로, 요한복음에서 영생은 일반적으로 신자들의 현재적 실재로서 제시되지만(cf. 5:24) 현세보다 내세에 초점을 맞춘 경우도 있다. 예수님은 "자기 생명을 사랑하는 자는 잃어버릴 것이요 이 세상에서 자기 생명을 미워하는 자는 영생하도록 보존하리라"(12:25)고 말씀하셨다. 이 말씀은 공관복음(마 10:39; 막 8:35; 눅 9:24)에서 발견되는 형태와 유사하다. 본문은 모두 내세의 삶과 연관된다.

(3) 그리스도의 미래적 재림

셋째로, 요한복음은 그리스도의 미래적 재림에 대해 언급한다. 일부 요한의 언급들은 다소 모호하며 예수님의 재림보다 보혜사가 오심에 대해 언급하는 듯 하다(예를 들어 14:18). 어떤 본문은 예수께서 재림보다 부활하신 후 제자들에게 보이실 것을 언급한 듯 하다(예를 들어 16:16). 그러나 예수님의 미래적 재림은 21:22에 발견된다. 본문에서 예수님은 베드로에게 사랑하는 제자의 운명에 대해 "내가 올 때까지 그를 머물게 하고자 할지라도 네게 무슨 상관이냐"고 물으셨다. 본문이 미래적 재림을 분명히 제시하고 있다는 것은 제자들 사이에 예수께서 언급하신 사랑하는 제자가 죽지 않을 것이라는 소문이 퍼졌다는 것(21:23)에서도 알 수 있다.

(4) 신자의 미래적 부활

넷째로, 요한복음은 신자의 현재적 영적 중생과 함께 미래적 육체의 부활에 대해 가르친다. 예수님은 "나를 보내신 이의 뜻은 내게 주신 자 중에 내

가 하나도 잃어버리지 아니하고 마지막 날에 다시 살리는 이것이니라"(6:39)
고 말씀하셨다. 6:44, 54에는 비슷한 언급이 있다. 예수님은 부활을 현재적
영적 실재로서 말씀하신 다른 본문(5:25)에 이어 "무덤 속에 있는 자" 전부
에 대한 미래적 육체의 부활에 대해 언급하셨다(5:28-29). 예수님의 가르침
에서 현재적 영적 중생과 미래적 육체의 부활이 같이 언급되었다는 것은 후
대 편집자의 작품이라는 주장도 있으나, 이것은 간단히 설명할 수 있다. 본
문에서 요한은 공관복음 및 신약성경의 나머지 본문과 내용적으로 완전히
일치한다. 이들은 모두 예수께서 신자들에게 제공하시는 새 생명이 두 가지
의 연속적 단계를 모두 경험하는 것으로 제시한다. 첫 번째는 현세의 영적
중생이며 두 번째는 내세의 육체적 부활이다. 그리스도를 믿는 신자들은 내
세에 올 생명의 유익이나 축복 가운데 일부를 현세에서 맛볼 수 있다. 이것
은 신약성경에서 흔히 찾아볼 수 있는 "지금"(신자의 현재적 경험)과 "아
직"(하나님 나라의 종말론적 성취에 대한 미래적 약속) 사이의 긴장을 조성
한다. 요한복음에는 영생에 대한 현재적 경험이 강조되지만 이것은 결코 미
래적 성취를 배제하거나 무시하지 않는다.

(5) 미래적 심판

다섯째로, 요한복음 역시 미래적(종말론적) 심판에 대해 언급한다. 이것은
요한복음 12:48에서 예수님에 의해 확인된다. "나를 저버리고 내 말을 받지
아니하는 자를 심판할 이가 있으니 곧 나의 한 그 말이 마지막 날에 저를 심
판하리라." 이와 유사한 개념을 산상수훈의 끝 부분인 마태복음 7:22에서
찾아볼 수 있다. 본문에서 예수님은 사람들이 그의 말씀을 행하지 않았기 때
문에 심판의 날을 맞을 것이라고 하셨다. 요한복음 5:28-29에서 예수님은 의
인은 생명의 부활로 나올 것이나 악인은 심판의 부활로 나올 것이라고 하셨
다. 요한복음 3:18-19에 따르면 이것은 심판의 미래적 성취가 이미 현세에서
시작되었음을 보여준다. "저를 믿는 자는 심판을 받지 아니하는 것이요 믿
지 아니하는 자는 하나님의 독생자의 이름을 믿지 아니하므로 벌써 심판을
받은 것이니라 그 정죄는 이것이니 곧 빛이 세상에 왔으되 사람들이 자기
행위가 악하므로 빛보다 어두움을 더 사랑한 것이니라." 미래적 심판은 예

수님에 대한 각자의 반응에 따라 이미 결정되었다. 이것은 마태복음 10:32-33에 언급된 예수님의 말씀과 유사하다. "누구든지 사람 앞에서 나를 시인하면 나도 하늘에 계신 내 아버지 앞에서 저를 시인할 것이요 누구든지 사람 앞에서 나를 부인하면 나도 하늘에 계신 내 아버지 앞에서 저를 부인하리라." 사람들은 예수님과의 관계에 따라 자신의 영원한 운명을 선택하는 기로에 서게 된다. 따라서 예수님은 자기를 믿는 자는 현세에서 영생을 얻었고 사망에서 생명으로 옮겼다고 말씀하셨던 것이다(요 5:24).

(6) 요한복음에 제시된 실현된 종말론

요한복음에서 제시하는 소위 "실현된" 종말론에 관한 문제는 요한복음 5:20b-30에 축약되어 있다고 할 수 있다.[56] 한편으로 재림(parousia)은 전통적 의미에서의 미래적 사건으로 언급되어 있다. "무덤 속에 있는 자가 다 그의 음성을 들을 때가 오나니 선한 일을 행한 자는 생명의 부활로, 악한 일을 행한 자는 심판의 부활로 나오리라"(5:28-29[NASB]).[57] 이와 함께 신자의 구원이 현세에서 완전히 실현된 것처럼 보이는 언급도 있다. "내가 진실로 진실로 너희에게 이르노니 내 말을 듣고 또 나 보내신 이를 믿는 자는 영생을 얻었고 심판에 이르지 아니하나니 사망에서 생명으로 옮겼느니라"(5:24[NASB]). 이들 본문에는 해소되어야 할 긴장이 분명히 있다. 그것은 심판이 현재와 미래에 동시에 이루어질 수 없다는 것이다.

그러나 자세히 살펴보면 이들 본문에 나타난 현재와 미래의 긴장은 그리 크지 않다는 것을 알 수 있다. 요한복음 5:28-29에 언급된 부활은 어떤 사람은 상을 받고 다른 사람은 처벌을 받는 심판이 뒤따르는 일반적인 부활에 관한 언급이 아니다. 본문에서 일부는 생명의 부활로, 일부는 심판의 부활로 나오는 차별적 부활에 관한 언급이다. 즉 각자의 운명을 결정하는 이러한 심

---

56) 이 문제에 관한 가장 중요한 학문적 업적은 G. Stählin, "Zum Problem der johanneischen Eschatologie," *Zeitschrift für die neutestamentlichen Wissenschaft* 33 (1934): 225-59이다. 이어지는 내용 역시 이 범주를 크게 벗어나지 않는다.
57) 이곳과 이어지는 몇몇 인용문에서 NASB를 사용할 것이다. 이유는 해당되는 문장의 어순이 헬라 원문에 보다 가깝기 때문이다.

판은 이미 결정되었다는 것이다. 그것은 현세에서 각 개인의 예수 그리스도에 대한 반응을 통해 결정되었다. 이것은 요한복음 3:18-19에 명백히 제시된다. "저를 믿는 자는 심판을 받지 아니하는 것이요 믿지 아니하는 자는 하나님의 독생자의 이름을 믿지 아니하므로 벌써 심판을 받은 것이니라 그 정죄는 이것이니 곧 빛이 세상에 왔으되 사람들이 자기 행위가 악하므로 빛보다 어두움을 더 사랑한 것이니라"(NASB). 예수 그리스도와 그가 주시는 무상의 영생을 거절하는 것은 자신을 심판 아래로 인도하며 이 심판은 마지막 날에 시행될 것이다. 반대로 예수님에 대한 믿음은 미래적 심판을 면케 하며 영생을 받게 한다. 그러나 믿음의 반응은 미래적 영생만을 보장하는 것이 아니다. 그것은 믿는 순간부터 신자가 현세에서 경험하기 시작하는 것이다. 현재적 실재와 미래적 유산으로서 영생의 두 국면은 요한계시록 21:6-8에서도 나타난다. 영광을 얻으신 그리스도는 "내가 생명수 샘물로 목마른 자에게 값없이 주리니"(6절)라고 하셨다. 이것은 예수께서 요한복음에서 현세적 경험으로서 영생에 관해 언급하신 내용을 상기시킨다(요 4:10, 13-14; 7:37-39). 승귀하신 그리스도는 이어서 불신자가 받을 미래적 심판(8절)과 함께 신자들이 받을 영생의 미래적 경험에 대해 언급하신다(계 21:7).

이것은 생명의 부활이 믿음이 아니라 선한 행위에 의한다는 요한복음 5:29과 연결된다. 5:29의 "선한 일을 행한 자"는 요한복음 어디에도 나타나지 아니한다. 요한복음 3:20-21에는 악한 일을 행하는 것은 5:29에서처럼 선한 일을 행하는 것과 비교되지 않고 진리를 행하는 것(진리를 좇는 자[NIV]) 및 빛으로 오는 것과 비교된다. 요한복음 6:29에 따르면 진리를 행하는 것은 예수를 믿는 것이다. 따라서 "선한 일을 행한 자"(5:29)는 예수를 믿은 자이다. 이들은 미래적 심판을 면하고 현세에서 영생을 받게 된다.

그러나 요한복음 5:28은 미래적 육체의 부활을 허용치 않는 "현재적" 종말론을 전적으로 배제한다. 고린도전서가 기록되던 시기의 사회에도 이러한 관점이 팽배해 있었다(고전 4:8; 15:12-19). 이러한 오해에 대해서는 디모데후서 2:18에 잘 반영되어 있다. 본문은 부활이 이미 지나갔다고 주장하는 자들을 반박하고 있다.

따라서 요한복음에는 나머지 신약성경에서 찾아볼 수 있는 현재와 미래 사이의 긴장이 나타난다. 요한복음과 공관복음 사이에는 강조점의 차이는 있으나 요한복음의 종말론적 관점은 공관복음과 모순 되지 아니하며 그것을 보충한다. 공관복음과 마찬가지로 요한복음은 실제로 그리스도의 미래적 재림과 미래의 육체적 부활 및 미래적 심판에 대해 언급한다. 예수님의 지상 사역은 인성의 현재적 함축과 미래적 함축을 동시에 가진 것으로 제시된다.[58]

2) 요한서신의 종말론

요한서신에는 그리스도의 미래적 재림(parousia)에 대한 언급이 포함되어 있다. 요한은 독자들에게 "이제 그 안에 거하라 이는 주께서 나타내신 바 되면 그의 강림하실 때에 우리로 담대함을 얻어 그 앞에서 부끄럽지 않게 하려 함이라"(요일 2:28)고 경고한다. 본문에는 예수님의 재림에 대한 구체적 설명이 없지만 그러한 추측이 충분히 가능하다. 그것은 독자들이 이미 알고 있는 상식이다. 부끄러움에 대한 언급(NASB는 "그 앞에서 부끄러워 달아나지 않게 하려 함이라"로 번역)은 그리스도를 거절한 자들이 받게 될 심판의 부정적인 면을 보여준다. 이것 역시 미래적이다. 요한은 그리스도 안에 있는 신자가 마지막 심판에서 예수님으로부터 거절당할 수 있다는 언급을 하고 있는 것이 아니다. 저자는 대적들의 이단적 교훈에 맞서 사도적 교훈을 지킨 신실한 그리스도인들로 구성된 독자들에게 편지를 쓰고 있다. 대적들은 처음부터 그리스도에게 속하지 않았으므로 "머무르는 데" 실패한 것이다("저희가 나간 것은 다 우리에게 속하지 아니함을 나타내려 함이니라"[2:19]). 요한은 독자들에게(요한복음에서처럼) 현재의 예수님에 대한 현재적 반응이 미래적 운명을 결정한다고 상기시키고 있다. 대적들의 거짓 교훈을 받아들이는 것은 예수님을 거절하고 미래적 심판을 자초하는 것이다. 그것은 이들이 처음부터 그리스도께 속하지 않았음을 보여주기 때문이다. 그러나 예수님에 대

---

58) C. F. D. Moule는 요한의 종말론에 나타나는 현재와 미래의 긴장은 개인에 대한 말씀과 교회에 대한 말씀 사이의 강조점의 이동으로 설명할 수 있다고 주장한다("A Neglected Factor in the Interpretation of Johannine Eschatology," in *Studies in John Presented to Prof. J. N. Sevenster on the Occasion of His Seventieth Birthday*, Supplements to *Novum Testamentum* 24 [Leiden: E. J. Brill, 1970], 155-60). 요한복음은 실제로 개인과 예수 그리스도의 관계를 강조한다.

한 사도적 교훈에 충실히 남아 있으면 마지막 심판의 날에 그리스도 앞에 설 수 있다는 것이다.

그리스도의 재림에 관한 또 하나의 언급은 요한일서 3:2이다. "그가 나타 내심이 되면 우리가 그와 같을 줄을 아는 것은 그의 계신 그대로 볼 것을 인함이니." 다른 신약성경에서와 같이 예수 그리스도의 미래적 재림은 현재의 도덕적 정결에 대한 모티브로 제시된다(cf. 3절). 요한일서 3:2은 그리스도의 미래적 재림에 대한 기대를 보여준다. 본문은 결코 예수께서 현세에 "영적"으로 재림할 것이라는 의미가 아니다. 아직 신자들은 그와 "같지" 않기 때문이다.

3) 요한계시록의 종말론

강조점에 있어서 요한계시록은 신약에 기록된 다른 요한의 글들과는 다르다. 요한복음은 신자들의 현재적 경험으로서 영생을 강조하며, 요한일서는 예수님의 재림에 대해 자주 언급한다. 그러나 종말론은 신약의 마지막 책의 핵심 주제이다. 요한계시록과 요한복음의 종말론적 강조점을 서로 보충적으로 보는 것이 어느 정도 도움이 될 것이다. 요한복음은 예수님에 대한 각 개인의 현재적 반응과 그것이 미래에 어떠한 결과를 가져오는지에 대해 초점을 맞춘다면 요한계시록은 "남은 이야기"로서 모든 만물의 마지막 정점에 대해 묘사한다. 요한계시록의 관점은 미래적이며, 그리스도인의 재림과 관련된 사건 및 그가 세우실 지상 왕국에 초점을 맞춘다. 그럼에도 불구하고 일부 내용은 요한계시록 2-3장에 언급된 1세기 소아시아 일곱 교회의 구체적인 상황에 대해 언급한다.

성경의 마지막 책으로서 요한계시록은 지상에서 하나님의 나라 건설과 관련된 구약성경 예언의 마지막 성취에 관해 제시한다. 본서는 특히 재림 직전에 있을 큰 환란(Great Tribulation)에 초점을 맞춘다. 요한계시록은 또한 천년왕국의 기간을 천년으로 구체화하며(20:1-6), 그것에 이어지는 영원한 상태와 구분한다(21:1-22:5).

(1) 요한계시록의 종말론적 심판

요한계시록 신학의 핵심은 인과 나팔 및 대접 재앙으로 이어지는 일련의 심판이다(6-16장). 하나님의 의로우신 심판에 관한 요한의 묵시적 묘사는 4-5장에 제시된 보좌로부터 시작된다. 5장에서 요한은 일곱 인으로 봉한 책에 대해 소개한다(1절). 이 책을 열기에 합당한 어린 양(6-10절)은 유다 지파의 사자(5절)이신 예수 그리스도로 드러나며 그에 대해서는 희생과 승리의 양면이 제시된다.

6-16장에 제시된 신적 심판은 그리스도의 재림 직후에 이어질 미래적 사건들에 관한 내용이다. 요한계시록 해석가들은 종종 본문에 언급된 사건들과 다니엘 9:27(칠십 이레)에 예언된 이스라엘 역사의 마지막 7년과 연결한다. 그러나 사도 요한은 요한계시록 6-16장에 언급된 사건들이 그리스도의 재림 직후에 이어지는 7년 기간 동안 일어날 것이라고 말하지 않는다. 사실 이 심판은 마지막 칠년 기간 중 후반 3년 반에 해당된다. 3년 반이라는 기간은 마태복음 24:21에도 큰 환란의 기간으로 언급된다.[59] 사도 요한은 이 기간을 "큰 환란"(계 7:14)으로 언급한다.

6-16장에 언급된 인과 나팔 및 대접의 관계는 본서의 메시지를 이해하는 데 매우 중요하다. 일부 해석가들은 나팔 재앙과 대접 재앙이 인 재앙의 일부 또는 전부를 반복한다고 주장하나, 인과 나팔 및 대접 재앙에 언급된 내용은 이러한 주장을 강력히 반대한다. 일곱 번째 인 재앙에는 실제로 일곱 나팔이 포함된다(8:1-2). 일곱 번째 나팔(11:15)과 일곱 대접(16:1-21)의 관계는 불분명하다. 나팔 재앙과 대접 재앙 사이에는 분명히 유사성이 있다. 그러나 마지막 재앙으로서의 대접 재앙이 가지는 특수성이나 일곱 번째 인과 일곱 나팔의 유추적 관계를 감안할 때 나팔 재앙과 대접 재앙을 나누는 것이 바람직하다. 따라서 일곱 대접은 일곱 번째 나팔에 포함된다.

---

[59] 요한계시록 6-16장과 마태복음 24-25장에 나온 사건들의 순서에 대한 비교는 J. Dwight Pentecost, *Things to Come* (Findlay, Ohio: Dunham, 1958), 280-82를 참조하라.

인 재앙, 나팔 재앙 및 대접 재앙에 대해 간략히 살펴보자. 첫째 인에서는 흰 말을 탄 자가 나오는데, 그는 적그리스도를 상징한다(6:1-2). 둘째 인에서는 붉은 말을 탄 자가 나오며, 그는 땅에서 화평을 제하는 권세를 가졌다(3-4절). 셋째 인은 검은 말을 탄 자를 보여주며 그는 손에 저울을 가지고 있다(5-6절). 이것은 심한 흉년을 나타내며, 종종 정치적 격변이나 전쟁을 수반하기도 한다. 넷째 인은 청황색 말을 탄 자를 보여준다. 그는 사망이라 불리는데 그 뒤를 음부가 따른다(7-8절). 이전의 전쟁과 흉년, 그리고 땅의 짐승으로부터의 공격으로 땅에 거주하는 자 사분의 일이 죽게 된다. 다섯째 인을 떼자 하늘에서 순교자들이 신원하여 달라고 부르짖는 소리가 들린다. 이들은 큰 환란에서 죽임을 당한 자들이다(9-11절). 여섯째 인을 떼자 땅과 하늘에서 지각변동이 일어난다(12-17절).

17절 마지막 부분은 "누가 능히 서리요"라는 질문으로 끝난다. 이는 과연 누가 이와 같이 엄청난 심판에서 구원을 얻을 수 있겠는가 라는 의미이다. 요한은 이 질문에 대한 답을 7장에서 제시한다. 본 장은 심판에 대한 묘사에서 하나의 삽입구적 성격을 지니는 막간이다. 두 그룹의 백성이 큰 환란에서 구원을 받는다. 이들은 이스라엘에서 십 사만 사천(1-8절)과, 구원을 받았으나 순교를 당한 각 나라와 족속으로부터 나온 자들이다(9-17절).

이러한 막간에 이어 일곱째 인이 떼어지고 일곱 나팔에 의한 심판이 계시된다(8:1-7). 첫째 나팔에 피 섞인 우박과 불이 나서 땅의 수목과 푸른 풀의 삼분의 일을 멸한다(6-7절). 둘째 나팔에 하늘에서 큰 산과 같은 것이 바다에 빠져 바다의 생명 가진 피조물과 배의 삼분의 일을 멸한다(8-9절). 셋째 나팔에 횃불 같이 타는 큰 별이 하늘에서 떨어져 강의 삼분의 일과 지구상의 많은 물을 쓰게 만든다(10-11절). 넷째 나팔에 해와 달과 별들의 삼분의 일이 빛을 흐리게 된다(12절). 넷째 나팔 후에 잠시 막간이 있으며, 이때 앞으로 계속될 세 나팔은 전보다 더 큰 재앙이 될 것이라는 사실이 선포된다(13절). 이 경고는 다섯째 나팔에 의해 확인된다. 다섯째 나팔에 지구상에 살아남은 자들은 모두 다섯 달 동안 사단의 괴롭힘을 당한다(9:1-11). 여섯째 나팔에 유브라데 강 유역의 마병 이억이 지구상에 남은 거민의 삼분의 일을 죽인다(12-19절). 이와 같이 무서운 재앙에도 불구하고 남은 자들은 회개치 않고 끝까지 우상을 숭배하며 음행할 것이다(20-21절).

일곱 번째 나팔을 불기 전에, 일곱째 인을 뗄 때와 유사한 막간(10:1-11:14)이 등장한다. 이 막간에 한 천사가 심판이 지체하지 않을 것임을 선언하고, 하나님의 비밀이 그 종 선지자들에게 전하신 복음과 같이 이루어질 것이라고 말한다(10:6-7). 일곱째 나팔 소리와 함께 16장의 대접 재앙이 시작되기 전에 또 하나의 막간이 제시된다. 12-13장에서 큰 환란의 가장 중요한 일곱 가지 특징이 제시된다.[60] 14-15장은 그리스도께서 재림하기 직전의 하늘과 땅의 다양한 장면에 대해 묘사한다. 이 재앙의 연대기적 묘사는 16장부터 다시 시작된다.

첫째 대접은 적그리스도의 표를 받은 자에게 고통스러운 상처가 나게 할 것이다(16:1-2). 둘째 대접은 바다에 있는 모든 생물을 멸할 것이다(3절). 셋째 대접은 남은 물을 모두 피가 되게 할 것이다(4-7절). 넷째 대접은 해의 뜨거움을 더욱 강하게 하여 사람들을 태워 죽일 것이다(8-9절). 다섯째 대접은 지구상에 어두움을 가져 올 것이다(10-11절). 여섯째 대접과 함께 유브라데 강이 마를 것이며 이것은 동방에서 침략군이 들어오는 통로가 될 것이다(12-16절). 일곱째 대접은 번개와 천둥 뇌성과 지진과 큰 해일을 포함한 마지막 재앙을 가져올 것이다(17-21절). 일곱째 대접 재앙이 끝난 후 그리스도께서 재림하실 것이나(19장), 이 사건 이전에 바벨론의 멸망에 대해 묘사하는 또 하나의 막간(17-18장)이 삽입된다.

(2) 바벨론의 멸망

바벨론의 마지막 멸망은 요한계시록 17-18장에 제시된다. 17:3-6의 계시에 언급된 큰 음녀의 이름은 바벨론이며(5절), "땅의 임금들을 다스리는 큰

---

[60] 이들 특징에 대해서는 John F. Walvoord, *The Revelation of Jesus Christ* (Chicago: Moody, 1966), 187-224를 참조하라.

성"(18절)이다. 이 여자가 앉아 있는 짐승의 일곱 머리는 일곱 산이며 일곱 왕이다(9-10절). 일곱 산과 일곱 왕이 같은지, 아니면 단순히 관련만 있는지는 알 수 없다. 일곱 왕이 연대기적으로 계속되는 일곱 나라를 뜻한다고 주장하는 사람도 있으나 동시대의 일곱 왕으로 보는 것이 타당할 듯하다. 많은 해석가들은 일곱 산을 로마로 본다. 이 경우 요한계시록 17-18장의 "바벨론"은 하나의 상징이 된다. 그러나 한편 18장에 언급된 바벨론의 멸망에 대한 자세한 묘사는 이것이 문자적으로 바벨론에 대한 언급이라는 주장도 있다. 세 번째 가능성은 "바벨론"이나 실제 도시인 로마나 바벨론이 아닌 다른 큰 성읍, 즉 이 예언이 성취될 시점의 세계적 수도와 같은 도시에 대한 상징적 언급이라는 것이다. 요한계시록 17-18장에 제시된 "바벨론"이라는 용어에 대한 정확한 규명이 어렵다는 사실은 묵시 문학에 사용된 이미지와 상징에 대한 해석이 얼마나 어려운지를 다시 한번 보여준다. 요한계시록 17-18장은 장차 세계적 도시가 문자적으로 멸망하게 될 것이라는 사실을 보여주고 있다는 것은 분명하다. 다만 현재로서는 그것이 어느 도시를 지칭하는지 구체적으로 알 수 없다는 것이다.

(3) 천년왕국

20장은 그리스도께서 지상에서 천년 동안 다스리심에 대해 묘사한다. 본문은 이 땅에서 메시아적 의의 통치에 대해 언급하는 많은 구약성경 예언(시 2편; 24편; 72편; 96편; 사 2장; 9:6-7; 11-12장; 63:1-6; 65-66장; 렘 23:5-6; 30:8-11; 단 2:44; 7:13-14; 호 3:4-5; 암 9:11-15; 미 4:1-8; 습 3:14-20; 슥 8:1-8; 14:1-9)의 최종적 성취를 보여준다. 요한계시록 20장에 묘사된 사건들은 연대기적으로 19장에 언급된 그리스도의 재림 사건에 이어지며, 문자적으로 예수님이 이 땅의 나라들을 천년 동안 다스리게 될 것을 언급한다.[61] 요한은 이 기간 동안 사단이 묶여 있을 것이며, 만국을 미혹하지 못하게 될 것이라고 말한다(20:1-3). 이어서 요한은 큰 환란에서 순교당한 자들의 부활에 대해 언급하며, 그들이 "살아서 그리스도로 더불어 천년 동안 왕노릇"(4

---

[61] 천년왕국에 대한 이러한 해석을 지지하는 훌륭한 저서들 가운데 하나는 Jack S. Deere, "Pre-millennialism in Revelation 20:4-6," *Bibliotheca Sacra* 135 (1978): 58-73이다.

절)할 것이라고 말한다. 이어서 장면은 그리스도의 지상 천년왕국 마지막 때에 관해 언급한다(7-10절). 천년 동안 묶여 있던 사단은 풀려나 다시 한번 반란을 꾀할 것이다(7-8절). 그러나 이들의 반란은 즉시 진압된다(9절). 미혹된 자들이 다 멸망한 후 사단도 유황 못에 던져진다(10절, "불과 유황 못").

(4) 백보좌 심판

20장 마지막 다섯 절에 언급된 심판으로 천년 왕국은 끝나고 영원한 상태로 전환된다. 본문에 언급된 사건들은 모두 천년왕국 이후에 이어진다. 요한은 땅과 하늘[62]이 보좌에 앉으신 자 앞에서 사라지고 "간 데 없더라"(11절)고 말한다. 이것은 새 하늘과 새 땅을 예비하기 위해 사라졌음을 말해준다(cf. 21:1). 요한은 20:12-15에서 남아 있는 죽은 자들에 대한 부활과 심판에 대해 언급한다. 여기에는 모든 시대에 악인으로 죽은 후 아직 부활하여 심판을 받지 못한 자들이 포함될 것이다.[63]

(5) 새 하늘과 새 땅

요한은 천년왕국에 이어지는 영원한 상태의 새 하늘과 새 땅에 대한 계시(21:1-22:5)로 예언을 마친다. 사도 요한은 처음 하늘과 처음 땅은 사라졌다고 말한다(21:1). 이것은 영원한 상태의 새 하늘과 새 땅이 현재의 하늘과 땅을 변모시킨 것이 아닌, 새로운 창조임을 보여준다. 요한은 새 하늘과 새 땅의 모습에 대해 자세히 설명하지 않는다. 다만 1절에 "바다도 다시 있지 않더라"고 했을 뿐이다. 21장의 나머지 대부분과 22장의 처음 다섯 절은 새 땅에 관한 언급이 아니라 새 예루살렘에 관한 언급이다. 요한은 새 예루살렘이 영원한 상태로 나타날 것이라고 말한다. 이것은 천년왕국시대와 유사하지만 본문의 경우 저자의 관점은 만물의 최종적 궁극적 절정에 초점을 맞춘다. 본문에 언급된 요한의 성읍에 관한 묘사는 그것의 아름다움과 장엄함을 강

---

62) NIV는 *ouranos*(하늘)라는 동일한 헬라어에 대해 20:11에서는 "sky"로, 21:1에서는 "heaven"으로 번역하였다 .
63) 구약시대 성도들이나 교회의 성도들은 큰 환란 직전에 큰 기쁨 가운데 부활하였다. 이 부활에 대해서는 요한계시록에 분명히 언급되지 않는다. 요한은 큰 환란에서 순교한 성도들의 부활에 대해서만 요한계시록 20:4에서 언급한다.

조한다. 이들 가운데는 상징적 의미도 있으나 요한은 이에 대해 자세한 해석을 하지는 않는다. 새 예루살렘은 모든 시대의 성도들과 타락하지 않은 천사들의 미래적 주거지이다.

(6) 사도 요한의 마지막 권면

요한계시록에서 사도 요한의 마지막 권면(22:6-21)은 전체 성경의 결론이기도 하다. 천사는 요한에게 이 책의 말씀이 신실함을 확인하였다(6절). 요한계시록의 주제는 다시 반복된다. "보라 내가 속히 오리니"(7절). 예언의 말씀에 대한 적절한 반응은 하나님께 경배하는 것이다(8-9절). 예언은 봉인되어서는 안 되며 공개되어야 한다 (10-11절). 이어서 7절 내용을 반복하는 예수 그리스도 자신의 직접적인 권면이 주어진다(12-16절). 와서 생명수를 값없이 받으라는 초청(17절)은 요한복음에 제시된 중요한 주제를 반복한다. 요한의 마지막 언급은 예언의 말씀을 가감하는 자에 대한 경고이다(18-19절). 본서는 주 예수께서 속히 오시기를 바라는 기도(20절)와 짧은 축복(21절)으로 끝난다.

(7) 요한계시록의 신학적 메시지

요한계시록의 목적은 예수 그리스도의 재림시에 일어날 일들에 대해 계시하는 것이다(1:19). 이것은 하나님의 나라 건설과 인류에 대한 그의 목적 성취와 관련된 구약성경의 예언을 완성한다. 다른 요한의 글과 마찬가지로 요한계시록은 기독론을 강조한다. 승귀하신 그리스도에 대한 첫 번째 환상을 기록한 1장으로부터 새 하늘과 새 땅에 대해 언급한 22장까지, 본서의 핵심적 메시지는 그리스도의 재림과 그의 통치에 초점을 맞춘다. 고난과 박해와 순교에도 불구하고 하나님의 백성들은 결국 그리스도 안에서 승리할 것이다. 이와 같은 격려와 확신의 메시지는 1세기 말 교회와 마찬가지로 오늘날 교회에도 적용된다. 그리스도인의 승리는 보장되어 있다. 어떠한 세상적 힘이나 마귀의 힘도 장차 재림하실 승리의 그리스도를 당하지 못할 것이다.